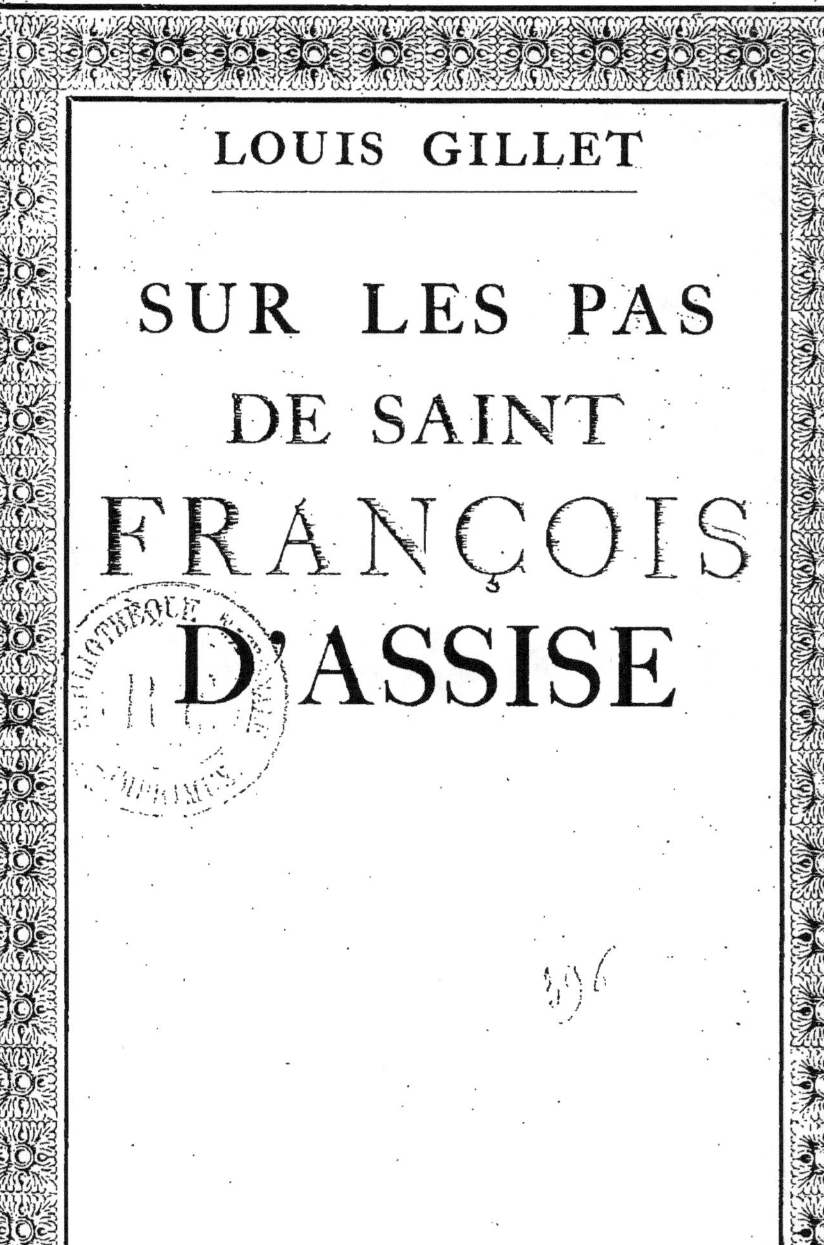

LOUIS GILLET

SUR LES PAS
DE SAINT
FRANÇOIS
D'ASSISE

LIBRAIRIE PLON

*Il a été tiré de cet ouvrage
25 exemplaires sur papier pur fil
Lafuma, numérotés de 1 à 25*

L'édition originale a été tirée sur papier d'alfa

SUR LES PAS
DE
SAINT FRANÇOIS D'ASSISE

LOUIS GILLET

SUR LES PAS
DE
SAINT FRANÇOIS D'ASSISE

PARIS

LIBRAIRIE PLON

LES PETITS-FILS DE PLON ET NOURRIT

IMPRIMEURS-ÉDITEURS — 8, RUE GARANCIÈRE, 6ᵉ

Tous droits réservés

A MAURICE DENIS,

peintre des Fioretti *de saint François d'Assise,*

son ami

L. G.

PREMIÈRE PARTIE

ASSISE ET VÉZELAY

CHAPITRE PREMIER

UNE PETITE VILLE D'AUTREFOIS

Décidément, c'est un désastre...

Sur la place transie où tremblent des flaques d'eau, sous l'âcre bise qui bouscule un ciel bouleversé, les colonnes du temple de Minerve — tes colonnes, ô Gœthe! — grelottent par ce matin de mars comme des muses mouillées. Les nuages fuient en déroute sur la tête de la Tour du peuple. La petite fontaine octogone, gardée par ses lions absurdes à perruques de caniches, les arcades qui abritent le café et la papeterie minuscules, n'ont plus l'air que de parentes pauvres de la grande sœur de Pérouse. C'était bien la peine de venir gâter mes souvenirs! Je ne reconnais plus Assise, blonde confite dans le miel et la rose. Est-ce qu'il a suffi d'un orage pour emporter le charme? Est-ce que le vent qui galope et agite là-haut ses chiffons noirs aurait effacé en même temps, avec les ombres et la lumière, la couleur et jusqu'au dessin du ravissant décor?

Mais là-bas, au bout de la place, qu'est ceci? Une brèche, une maison éventrée, les plâtras d'une ruine ou d'une démolition... Un attentat, une bombe? Derrière moi, la façade du Palais des Prieurs disparaît sous des échafaudages couverts, à la mode du pays, par un masque de paillassons. Immobiles au milieu de la place consternée, sous leurs vieilles pèlerines à col en peau de mouton, quelques groupes de gens d'Assise contemplent leur ville méconnaissable qui se réveille après la bourrasque de la nuit, la figure brouillée comme quelqu'un qui a mal dormi.

— N'est-ce pas, on dirait un petit tremblement de terre?

Eh! c'est Johannes Joergenssen : la *piazza*, dans le Midi, c'est toujours le Forum, le salon de la ville.

— Ce n'est rien, c'est la poste qu'on rebâtit à la place de cette bicoque, poursuit le poète de sa voix chantante où passe la fantaisie des contes d'Andersen. Eh bien! vous venez voir ce que nous faisons pour les fêtes? Ah! nous avons bien travaillé; promenez-vous, vous reviendrez m'en dire des nouvelles.

En effet, toute la petite ville est un peu sens dessus dessous, dans le branle-bas du centenaire. On travaille à tous les étages. Du haut en bas de sa colline, où elle se suspend en balcons, en gradins successifs, pareils aux terrasses en pierres sèches que font les paysans pour soutenir leurs vignes, on s'affaire (oh! sans fièvre, nous sommes en Italie), mais enfin, songez donc! dans ce chef-lieu de canton où il ne se passait rien, où il n'était rien arrivé depuis plus de cent ans, ce sept centième anniversaire de la mort du *Santo* est un événement historique : on a beau n'être qu'une petite cité de sixième ordre, il n'y a eu tout de même qu'un saint François au monde, et ce n'est pas Milan, Naples ou même Rome qui peuvent s'en vanter; il y a de quoi faire la fière, surtout une année comme celle-ci, où l'on sent qu'on occupe les regards de l'univers. Aussi, je vous laisse à penser si l'on s'active pour une telle occasion. C'est un remue-ménage général. Toute proportion gardée, on n'avait rien vu de pareil depuis la grande époque, lorsque les papes faisaient construire sur la proue de la colline les substructions géantes du *Sacro convento*, ou soulevaient au-dessus des champs la bulle aérienne de Sainte-Marie-des-Anges.

Je profite d'une éclaircie pour faire un tour en ville. Sur l'esplanade qui regarde Spello, derrière la porte des Capucins, tout un quartier neuf sort de terre. On attend des pèlerins, des masses de pèlerins, non pas sans doute tout à fait le million de l'*Anno Santo*, mais cependant, sans faire concurrence à saint Pierre, saint François aussi est un grand saint : ne doutons pas trop de son pouvoir : soyons modestes comptons seulement sur cinq cent mille. Il faut bien leur faire de la place, à ces *forestieri*. Plus tard, les constructions resteront à la commune, qui en fera des logements ouvriers : ce sera tout bénéfice. Il n'est pas défendu, tout en servant la gloire d'un saint, de bien faire ses affaires. Là-haut, vers Sainte-Marie-des-Roses, on bâtit pour les hôtes de luxe et pour les clients chers un hôtel dernier cri, un hôtel à deux cents lires par jour, avec ascenseurs, parfaitement ! et une salle de bains par chambre Le bon vieux « Subasio », l'auberge classique, en bas, près de la basilique, en dépit de ses peintures en style Burne-Jones pour vieilles filles préraphaélites, ne sera plus que de la Saint-Jean.

Pour accueillir ces foules, Assise ouvre les bras; elle perce dans ses remparts des portes murées depuis longtemps, cette vieille *Porta Sementone* qui ne servait plus depuis les funérailles de saint François, pareille à tant de portes d'ici qu'on appelle des portes de mort, comme à Venise chaque maison a sa porte de mer, car le propriétaire, dans cette religieuse Ombrie, eût craint le seuil funeste par où venait de sortir un cercueil. C'est par là que François fit son dernier voyage, lorsque les gens d'Assise rapportèrent de la Portioncule sa légère dépouille; c'est par là que s'échappa, dans la nuit des Rameaux de l'année 1212, pour retrouver son maître à la même Portioncule, tremblante sous ses tresses blondes qu'elle allait sacrifier, une enfant de seize ans, la noble fille des Schifi.

Ce qui est singulier, et devrait bien servir d'exemple à mainte ville plus importante, ce municipe agricole montre en tout cela beaucoup de goût. Assise tient à sa gloire. Elle sait qu'elle n'est pas une ville comme une autre. Elle sent qu'elle appartient au monde. Tant d'autres font au passé une guerre imbécile! Assise a cette distinction rare de ne pas se rajeunir. Sa coquetterie, au contraire, c'est de garder intacte sa robe couleur du temps. Assise n'est pas iconoclaste. Assise ne secoue pas les « ténèbres du moyen âge ».

Une ville sans fumées et sans sifflets d'usines! Une ville sans industrie et où, trois fois par jour, les règlements imposent une trêve au tapage des machines pour laisser le silence du ciel à l'*Ave Maria* des campaniles et aux cris des hirondelles! Nulle part une fausse note, une affiche, une réclame : pas un de ces appels grossiers dont la publicité moderne obsède et étourdit la malheureuse humanité. Assise, Dieu merci! refuse de s'encanailler. Elle n'a pas un théâtre, à peine un cinéma, un cinéma de rien du tout, et encore il ne fonctionne pas tous les jours. Pas même un monument du *Risorgimento*, la redingote de Cavour, l'inévitable Garibaldi. A peine si, au mur du Palais des Prieurs, un malencontreux buste propose au passant la mémoire, d'ailleurs tout à fait oubliée, d'un grand homme de province : encore ce discret serviteur de la Démocratie, comme dit l'inscription, fait-il de son mieux pour s'effacer et pour passer inaperçu.

Cette terreur des anachronismes ne laisse pas de conduire à des conséquences singulières, comme cette poste toute neuve du XIVᵉ siècle.

— « Quand tout sera fini, me confie un ami, Assise sera vraiment une ville du moyen âge. »

Mais quoi! Ces archaïsmes sont une forme de la piété. Trouvez-moi une édilité qui, ayant à faire une façade, ne profite pas de l'occasion pour ouvrir un concours et se borne à exécuter un dessin du xviie siècle, comme cela se passe à Sainte-Marie-des-Anges. Les fresques récemment dégagées sous le badigeon de sainte Claire (charmantes, du reste, surtout la délicieuse *Nativité* siennoise), on ne les retouche pas : on ne restaure rien, les choses sont laissées telles qu'on les a trouvées. Au contraire, on efface partout les traces du xixe siècle. Aux rues qu'il avait débaptisées, on rend leurs vieux noms populaires. Il paraît que le maire, quand il se plonge dans le moyen âge, ne répond plus au téléphone. Quand je vous le disais, qu'ils sont à encadrer!

Mais que peut seule une petite ville? Déjà toutes ses sœurs d'Italie ont souscrit pour faire fondre une cloche qui portera sur ses flancs leurs noms et leurs blasons, la cloche des *Laudi*, la cloche des bénédictions, la voix des actions de grâces de la patrie. Je goûte moins le projet d'un phare sur le Subasio : cet énorme bibelot ne me dit rien qui vaille. Le gouvernement a fait mieux. Depuis un demi-siècle, le *Sacro convento* était confisqué par l'Etat, qui y avait installé un orphelinat national pour fils d'instituteurs. M. Mussolini a le bon sens de rendre aux franciscains le couvent de saint François.

J'achève la matinée en gagnant, au-dessus d'Assise, le tertre de la Rocca. Je suis les étroites venelles, les sentiers de lézards qui escaladent ou dégringolent l'escarpement de la colline; je longe des maisons décrépites, des façades conventuelles, des oratoires où, sous un auvent qui ressemble à un bât, une veilleuse

brûle devant une vieille fresque; on entend dans une
cour des bruits de la campagne, le marteau du ton-
nelier, l'enclume du forgeron, les bruits éternels du
village qui animent la paix sans la troubler, y mettent
de la vie et nulle inquiétude; il suinte du silence un
murmure de psalmodie, ou bien les jeunes voix d'une
école nasillent une page, qui est peut-être le *Cantique
des créatures*. Des porches de palais vous jettent au
passage une fraîcheur rustique, qui sent l'huile, le vin,
la cave et l'écurie; une vieille de conte de fées entre
à pas menus chez la voisine, se chauffant les mains
sous sa mante à sa chaufferette, au petit pot de
terre brune où elle emporte ses Pénates, un peu
de cendre, quelques braises de l'âtre; des boutiques inchangées depuis le XVe siècle étalent
les produits de l'industrie locale, des toiles, des
corbeilles, des cuivres, des faïences peintes, des pots
dont la panse offre un proverbe, un précepte et vous
conseille : « Bois-en peu ». Images d'une société à
peu près immuable, la même depuis le fond des
temps, depuis l'âge où les ancêtres du maire de 1926
dédiaient un autel aux Dioscures et célébraient ce don
par un banquet.

J'arrive du côté de la porte Saint-Jacques, à ce
coude d'où l'on aperçoit le ravin du Tescio, tout jaune
et rageur aujourd'hui, jappant comme un roquet
contre un hochet de petit pont. Son grognement remplit la conque de la vallée. Tout à coup, je m'arrête :
une file de masures, de ces vieilles maisons où l'on
monte par un escalier extérieur, et dont la porte est au
premier étage. Là, sur un de ces seuils suspendus,
assise dans la noire embrasure, une vieille bonne
femme file. C'est elle, je la reconnais : elle était à cette
place le jour où je passai ici l'année dernière;
la même potée d'enfants jouait à ses côtés. Elle n'a
pas tourné la tête. J'admire ce qui ne se voit plus chez

nous depuis tant d'années : la quenouille fichée sous l'aisselle de la vieille, la quenouillée de chanvre pareille à l'étoupe grise du front, le mouvement du pouce qui vient toucher la lèvre à intervalles réguliers, humecte le fil et l'étire, et puis la rotation rapide du fuseau, gestes séculaires, aussi vieux qu'Eve, et dont bientôt personne ne se souviendra plus.

Et peu à peu je me figure qu'à la place de cette aïeule, quand celle-ci était une petite fille, il y en avait une autre toute pareille, faisant déjà les mêmes gestes et racontant les mêmes histoires, et d'autres encore avant celle-là, dans ce coin enchanté, presque depuis que le monde est monde. Et ces générations de fileuses, comme des déesses domestiques, filent, filent toujours la même destinée, les mêmes jours uniformes de la petite ville, cette longue histoire invariable où est venu se mêler une fois un fil d'or, la légende merveilleuse du petit saint d'Assise.

CHAPITRE II

L'OMBRIE EN PLEURS

Un jour, me conte Maurice Pernot, notre maître Mgr Duchesne monta aux Carceri. On pense quel feu roulant de si, de mais, de non, quand il fut dans cet ermitage, qui n'est qu'un nid de légendes : toutes les dates étaient erronées, les tableaux apocryphes, rien ne tenait debout. Le pauvre moinillon qui faisait le cicerone n'en pouvait mais, et à chaque critique se bornait à répondre :

— *Sarà.* (C'est possible, puisque vous le dites. Monseigneur en sait plus que moi.)

— Mais enfin, s'écria le terrible historien, si tout est faux, que reste-t-il?

Le moine fit un geste vague pour embrasser le paysage et dit doucement :

— *C'è l'aria!*

L'aria, l'atmosphère, l'impalpable... Que faisons-nous, nous tous qui venons ici sur les pas de saint François, si ce n'est de chercher ce qui flotte encore de son esprit, ce qui s'attache de sa personne aux endroits où il a vécu? Seulement, l'*aria* est boudeuse, cette saison, en Italie. Et moi qui m'attendais ici au mois d'avril! Toujours la *nebbia, il buio,* la bise, la brume, le froid, la boue...

Cela a commencé l'autre jour à Pérouse. De la terrasse fameuse, d'où le regard embrasse toute la plaine d'Ombrie, je cherchais le paysage qui me ravissait à vingt ans, ce lac, cet anneau de collines où, comme la perle d'une bague, j'aperçus, pour la première fois, un soir d'été, la lueur d'Assise. J'aurais juré alors que cette terre charmante était d'une nature à part, un fragment de l'azur. Qu'est-elle devenue, l'Ombrie de ma jeunesse? Sous un ciel menaçant, je ne voyais plus qu'une étendue sombre bornée par des contours sévères. Tout était immobile sous une dalle de plomb. Une nuée horizontale s'avançait du sud en glissant et décapitait au passage le dôme du Subasio. Le fond de la vallée, du côté de Spolète, était un cul-de-sac de fumées. A l'est, un désordre de montagnes fatiguait le regard par une confusion monotone. Bientôt, une taie blanchâtre comme une feuille d'étain apparut au milieu de ces lividités, et la pluie déroba la *mélancolique Etrurie* (1).

Cependant, sur la foi d'une journée plus clémente, je m'engage sur le chemin qui mène aux Carceri. C'est d'abord presque une route à peu près carrossable qui descend en douceur entre des haies et des prairies et se relève pour conduire à deux ou trois *casini* posés comme des dés sur un épaulement du terrain, gardés par quatre ou cinq cyprès; puis, ce n'est plus qu'un sentier de mules, une corniche pierreuse qui grimpe en pente assez rapide au flanc de la montagne. Bientôt me voici à quelques centaines de pieds au-dessus d'Assise, que j'aperçois en me retournant, toute blanche sous sa Rocca, ayant plus que jamais son air de reliquaire. Devant moi, la masse sombre et chauve du Subasio. A droite, un espace informe où se devine, jusqu'aux monts abolis de Deruta et de Todi, la nappe indécise des plaines.

(1) Michelet. *Hist. romaine*, 1833, t. I, p. 69.

Pour le moment, elle est tout à fait invisible, cette plaine. Un fleuve, une armée de brouillards remonte la vallée, en remplit exactement les bords : j'assiste, de ma corniche, au défilé du nuage. Par instants la masse incolore étire ses ouates, un souffle effiloque les brumes, et par cet interstice brille une seconde un coin de terre, un lambeau de prairie, un village, un coude de rivière, à une distance inappréciable et qui, dans cette perspective oblique, dans ce théâtre de vapeurs, prend un prix de bijou. Et puis, le rideau se referme, la *nebbia* se reforme, reprend son cours interminable de fleuve de brouillards. De nouveau le paysage se cache et se dissout : on n'a plus devant soi que de l'indistinct, du flottant, de l'eau, de la buée, de la nue en voyage.

Ce n'est plus tout à fait l'Ombrie que je connaissais : c'est un climat de montagnes, avec les phénomènes, les caprices, les rudesses des montagnes. Cela ressemble assez à notre Plateau Central. Eh bien ! soit ! Rodin, sur ses vieux jours, ne voulait plus entendre parler de beau ou de mauvais temps : tous les temps lui paraissaient beaux ; il aimait la nature dans ses ombres comme dans ses lumières. Il avait peut-être raison, l'optimisme du grand vieillard. Le fait est que cette semaine de pluie m'a plus instruit que dix voyages. Je me sens moins un invité, un hôte pour qui on fait des frais : je suis reçu dans l'intimité.

Que de convention dans nos idées sur l'Italie ! Joergenssen m'en parlait tantôt, enveloppé de couvertures, près du chétif poêle à pétrole qu'il transporte frileusement, comme un trésor, de chambre en chambre.

— « Le Midi, le Midi !... Mais on y gèle, dans le Midi ! Les gens ne savent pas se défendre de l'hiver ; ils n'en ont même pas l'idée. Personne ne résiste au froid comme ces Méridionaux. Regardez Amundsen : pour son expédition au Pôle, il ne veut que des Italiens.» Et, comme il me montrait un album d'intérieurs danois, ces beaux poêles de faïence, ces palais du feu si cordiaux, opulents : « Ah! fermons, soupire-t-il, cela donne le mal du pays ».

Je ne vais pas me mêler, en quittant Joergenssen, de faire un portrait de saint François. Qui suis-je? Un passant, un curieux, à peine un pèlerin. Je ne prétends corriger personne, je retouche pour moi une image intérieure. Or, cette image, telle que je l'ai reçue des maîtres, Michelet, Châteaubriand, Renan, Anatole France, me semble édulcorée, d'un goût un peu « mil huit cent trente ». Il en va de lui comme du paysage : si l'on en croyait les peintres ombriens, jamais d'hiver dans leur pays; les années ne seraient que du bleu, une chaîne de mois de mai. Ainsi on nous a fait un saint François d'été, à peu près comme Henri Heine, à cause de la fraîcheur des églises, appelle le catholicisme une religion d'été.

Maintes fois, pourtant, la figure du maigre petit saint apparaît sur un fond d'hiver. La neige, le froid, la pluie ne manquent guère dans sa légende : qui ne connaît la famille de neige? Une nuit le bienheureux, travaillé d'une grande tentation de la chair, descend au jardin blanc de neige, se dépouille et façonne rapidement sept bonshommes, tout en se parlant à lui-même : « Cette grande-là, vois-tu, c'est ta femme; et puis voici tes fils, et encore tes deux filles, et le valet et la servante. Et maintenant, il faut nourrir tout ce monde-là! Allons, paresseux, à l'ouvrage! » Un des frères observait la scène au clair de lune. Scène charmante, mais quel froid! Comme il devait trembler, le pauvre petit corps!

Un autre jour, les brigands le roulent dans la neige; il se plonge dans l'eau glacée, oblige un de ses frères à faire, par le plus grand froid, plusieurs milles dans la neige. Même le chapitre de la Joie Parfaite, ces Béatitudes franciscaines, sont loin d'être une leçon de fine volupté, un chant d'Horace ou de La Fontaine : cela se passe un jour d'hiver, et de froid très cruel. Que de fois le pauvre vagabond, au milieu de ses courses, fut trempé jusqu'aux os et n'en dit pas moins patiemment et dévotement ses heures ! Pendant la guerre, une chose dont le soldat enrageait, c'était cette légende du poilu bon vivant, ne *s'en faisant pas* sous la mitraille. Certaines cavatines font un peu à saint François la même injure. On exagère sa douceur. Au besoin, il lançait la foudre. C'est dommage qu'on n'ait pas conservé ses sermons : il n'y ménageait rien. Mais nous savons les pénitences furieuses qu'il s'imposait, ce bourreau d'ascétisme, et ses austérités terribles, et les exemples effrayants dont il châtiait des fautes, mêmes vénielles, de ses frères : témoin celui qui, ayant touché de l'argent par mégarde, fut condamné à le porter sur une ordure *avec les dents*; ou cet autre qu'il força à mâcher de la fiente pour ravaler une médisance. On nous montre un saint de fantaisie, une espèce de doux bohème escorté de sa petite cour de bêtes charmées, menant le frère mourant de soif se désaltérer sous les vignes. Le même homme, trouvant les frères de Bologne installés dans une maison, au mépris de la règle, sans pitié les jette à la rue, y compris les malades, ailleurs grimpe sur le toit et de ses mains met tout en pièces. Il avait de ces brusques orages, ses jours de tonnerre et d'éclairs.

Les Carceri, comme les Celle près de Cortone, comme tant d'ermitages épars dans l'Apennin, sont un petit couvent, une de ces retraites que François, dans tous les lieux qu'il habita, eut soin de

se ménager à une heure ou deux de la ville. Toute la
montagne italienne, entre Rome et Florence, est
étoilée de ses sanctuaires. Le nom veut dire cachot;
dans l'ancien langage, dit-on, le mot se prenait pour
désert. Désert ou cachette, il n'en est pas de plus
poétique : saint François avait le génie des beaux
endroits. Il savait s'asseoir, comme dit Corot : soit
par goût instinctif, soit peut-être tout simplement
parce que les beaux endroits sont difficiles et volontiers solitaires.

Celui-ci n'est qu'un ravin, un couloir d'avalanches,
un entonnoir presque vertical creusé dans un pli du
Subasio : c'est le sachet de la Sulamite, une touffe
de myrte entre les seins de la bien-aimée. En
tout petit, cela rappelle Subiaco, mais le caractère diffère : il est plus ouvert, plus agreste, beaucoup moins
magnifique aussi, bien entendu, sans rien de l'impé-
riale grandeur du monastère de Saint-Benoît, de sa
beauté d'Escorial tournant le dos au monde dans sa
gorge du Teverone. Subiaco est aveugle, les Carceri
ont de l'horizon, une échappée étroite, si l'on veut,
mais sublime : tout l'espace dans un seul regard,
aperçu par une brèche, la fente d'une porte, au
milieu d'un miracle, d'une fraîcheur, d'une cascade
de verdures.

Le temps se lève. L'yeuse égoutte de feuille en
feuille la pluie de la journée. Voici le petit puits,
la terrasse triangulaire, les couloirs, la chapelle où
l'on tiendrait bien à six personnes, à condition de se
serrer un peu, le chœur minuscule avec ses lambris
du temps de saint Bernardin, la vieille madone ver-
moulue qui servait à François, le petit pont que
traverse la branche d'un acacia qui est, il va sans dire,
l'arbre du sermon aux oiseaux. Tout cela d'une pauvreté exquise : le couvent n'a qu'un mur, l'autre est
la roche nue; la maison n'est qu'un paravent qui

s'applique à la montagne, s'y colle comme un nid d'hirondelle. Et pourtant, c'est encore un luxe : du vivant de François, il n'y avait rien, rien absolument que le rocher, le bois et les petites grottes qui servaient à l'ermite et à ses compagnons.

Mon guide me conduit à l'oratoire de saint François, à la tombe de la Sainte sans nom (oh! le roman de cette fille qui se retira sous la bure et dont le sexe ne fut connu qu'au moment de l'ensevelir, et comme on aimerait en savoir davantage sur l'énigme de cette vie renouvelée des vieilles histoires, de l'antique fable de sainte Eugénie!) Mais le *frate* n'est guère curieux; il débite d'une voix égale son chapelet de légendes : la légende du torrent desséché à la prière du saint et qui ne coule plus que les années de catastrophes, celle du trou du diable, par où le démon vaincu s'échappa en crevant la roche avec une fumée et un fracas épouvantables. Et il n'est plus question de la sainte inconnue.

Je quitte le couvent par la voûte de chênes-verts qui mène au petit porche et au sentier d'Assise. Une bande de citron pâle couronne les collines. Le jour s'éteint dans un ciel calme, mais encore trouble et inquiet. Le soir ressemble à un visage qui a pleuré et qui reste sur le bord des larmes. Où en étais-je tout à l'heure? Le bon moine m'a jeté un mot qui renoue ma rêverie. Le Diable! Sans être Mgr Duchesne, je doute un peu, entre nous, de cette histoire des Carceri, vraiment trop faite exprès pour rendre compte d'un fait physique, d'une curiosité naturelle qu'on ne s'expliquait pas. Mais saint François croyait au **diable**; il n'aurait pas été de son temps sans cela. Et c'est ce qui occupe le reste de ma promenade, à cette heure entre chien et loup, où chez nous rôde la chauve-souris.

Sans doute, c'est un trait qui embarrasse les historiens. Mais c'est qu'on ne peut faire semblant de l'ignorer : François ne doutait pas plus de la réalité de l'esprit du Mal, que du mystère de l'Incarnation. C'étaient pour lui des faits, des certitudes égales.

Les « diaboliques » de saint François! On ne voit pas pourquoi nous prenons sur nous de supprimer ce côté des choses : les vieux biographes en sont pleins. Les explications de la psychiâtrie lui en eussent peu imposé : il avait un système fort clair selon lequel les souffrances du corps, les maladies, les tentations, le doute étaient des formes de l'épreuve, dont Dieu permet aux mauvais anges de tourmenter les âmes. Il savait qu'il n'est point de prestiges dont ne puisse se prévaloir l'Ennemi pour nous perdre, jusqu'à feindre l'apparence des saints et jusqu'à revêtir la forme du Crucifix. Il n'ignorait pas que l'antique Serpent trouve en nous ses complices et qu'il y a dans l'âme des pans d'ombre où rampent des désirs inconnus à nous-mêmes. Bref, François regardait la vie comme un Mystère, une bataille entre le Ciel et l'Enfer : lui-même y était engagé et cela fait de son existence un drame.

Comme au temps de Pacôme et des vieux lions de la solitude, sa vie n'est qu'un duel, un corps à corps avec Satan. Ce n'est pas pour rien que, dans vingt églises, on le représente en parallèle avec un saint Antoine. Toute une partie de sa légende est faite pour Callot : c'est une truie qui dévore un agneau nouveau-né, un rouge-gorge jaloux, meurtrier de son frère. Si l'Esprit immonde trouble ainsi des créatures sans raison, quels désordres ne causera-t-il pas dans la nature humaine? Convulsions, névroses, paralysies, attaques, tous ces détraquements étranges de notre machine, et les infirmités, aveugles, boiteux, bossus, estropiés de naissance, ces kyrielles de douleurs qui

geignent et mendient sur les routes et les places des
villages d'Italie, autant de maléfices où François
reconnaît la main du Tentateur : toujours le Mal se
mêle, pour la gâter ou la corrompre, à l'œuvre de
l'amour.

Lui-même n'y échappait pas. L'Ennemi le harce-
lait. Tantôt des nuées de rats lui trottent sur le
corps, tantôt le diable se loge sournoisement dans
l'oreiller, vous le change en aiguilles. Une nuit, dans
la campagne de Rome, une légion de démons
assiège un vieux sépulcre où il gîtait, se démène sur
le toit, y fait un train d'enfer. Le saint sort de ces
affres moulu, roué de coups, tremblant comme la
feuille. Mais là où l'Adversaire est le plus redoutable, c'est quand il se déguise et qu'il emprunte
des formes cauteleuses et bienveillantes : « François, François! lui souffle une voix de la nuit, prends
pitié de toi-même! Ne sais-tu pas que c'est péché
de te consumer ainsi? Relâche ces austérités qui
abrègent tes jours : si tu te tues, ne vois-tu pas
que tu te damnes? Dieu pardonne tout, hormis
le crime du suicide. »

Aux stratagèmes du Malin, l'homme de Dieu savait
opposer de subtiles manœuvres. S'il exorcise une
possédée, il poste des frères en prières aux quatre
angles de la pièce : il empêchait ainsi le démon de se
réfugier dans un coin, selon sa tactique favorite, et le
forçait à prendre la porte ou la fenêtre. Mais la meilleure méthode est souvent de payer d'audace : pour
étonner l'ennemi, rien ne vaut l'offensive. Frère
Ange de Rieti se trouva bien de cet avis. Lui qui
avait grand peur la nuit, le Père Séraphique lui
conseilla de n'en rien montrer et de provoquer au
contraire l'adversaire au combat : « Venez-y, troupes
infernales! » Quand il le vit si résolu, le diable se
le tint pour dit. Un jour même, et ce sont les *Fioretti*

qui l'assurent, il arriva à François d'enseigner à frère Rufin, pour terrasser le démon, un exorcisme redoutable : « *Apri la bocca che vi gettero entro lo sterco!...* » Mon Dieu! C'est le mot de Cambronne : à la guerre comme à la guerre! Le diable conçut un grand dépit de cette fière parole. Il s'enfuit en menant telle tempête et tel tohu-bohu que, pendant un quart d'heure, on entendit sur le Subasio la dégringolade des pierres; tous ces cailloux roulant et s'entrechoquant dans leur chute jetaient des étincelles, la montagne paraissait en feu. On montre encore près d'ici la vaste ruine de l'avalanche.

Ces contes font sourire : et pourtant, ces angoisses, ces fièvres, ces sueurs, ces cauchemars de François, ces enfants des ténèbres, c'étaient bien des réalités. Quand ce ne seraient que des illusions, les faits restent les mêmes : la vie est un tissu de rêves. Il n'y a pas de raison pour retrancher du portrait de François une part si grande de son âme, le côté d'ombre et les songes du milieu de ses nuits.

Plus on contemple cette terre d'Ombrie, plus on est frappé de son caractère d'antiquité. On y marche sur des sépulcres. Partout, sur les tombeaux, se montre une sombre Gorgone, un étonnant génie funèbre. Suis-je dupe à mon tour d'une illusion pluvieuse, de quelques jours de ciel chagrin, d'un nuage qui obnubile les choses et jette sur ces campagnes une expression soucieuse? Le paysage semble drapé dans cette ombre sacrée. Je revois sur les sarcophages de terrifiantes Érinnyes, de sadiques sacrifices humains, les vieux rêves sinistres du fond de l'Orient, le vol nocturne des anges noirs. Nous ne voyons plus chez François que l'âme de lumière. Il ne faudrait pourtant pas oublier le clair-obscur.

CHAPITRE III

SAINT-DAMIEN

Ce matin, le soleil brille dans un ciel de majolique, à carreaux bleus et blancs de faïence lavée; un nuage, comme une loque d'argent, essuie le front du Subasio. Irai-je une fois de plus m'envoûter dans la basilique, tenter après tant d'autres d'arracher les secrets de ses murailles et de ses fresques? Ces problèmes qui me passionnaient, aujourd'hui ne m'importent guère. Le corps du saint repose sous le triple édifice, mais il y reste si peu de lui! Au bas de la colline, je sais une chapelle en pleins champs, bien autrement touchante : c'est la plus pure des reliques d'Assise. Dans l'église de Saint-Damien, saint François a laissé son cœur.

Charme d'une route qui dévale sur une pente d'oliviers! Sur leur colonnade en quinconces, leurs vieux troncs tournoyants, le feuillage léger ruisselle en nappe transparente, en flot diaphane et frémissant : petite bacchanale, ronde des nymphes sur la prairie. Une rigole tinte sur les cailloux, écoule doucement les eaux de l'orage de la veille : c'est le pipeau de l'églogue, le chant qui accompagne la danse sous l'olivier.

Suspendu à mi-côte au bout d'un mur de *campo santo* d'où jaillissent des cyprès, le modeste parvis enchante : cet humble portique, ce toit de grange,

ces formes tassées, ce site, cette manière de se blot-
tir, de se raser dans le sillon, c'est une caille dans
les chaumes (1) : on croit voir l'oiseau se poser. De là
le regard flotte, embrasse le paysage; tout est si
juste, si heureux, tout contente si bien le cœur qu'on
fait grâce au bronze médiocre qui encombre ce lieu
parfait. On lui sait presque gré d'être insignifiant.
Que faire d'un chef-d'œuvre où les choses sont le-
chef-d'œuvre?

Je lève le loquet, je descends par deux ou trois
marches. Qu'il fait sombre! Quel caveau que la
petite église! Quelle nuit, comme on souffle une
lampe, chasse soudain les pensées du jour! L'âme se
calme : plus d'autre spectacle qu'elle-même; la vue
brusquement aveuglée se tourne sur le dedans, sur le
paysage intérieur. Hormis la veilleuse du sanctuaire
et une autre lueur, un rayon qui entre derrière l'autel
par une meurtrière semblable à une blessure, à un
coup de lance dans le flanc, nulle lumière, rien pour
distraire : rien que ces deux points fixes dans ces
ombres compactes (et pourtant si légères!) amas-
sées là depuis des siècles, les mêmes, semble-t-il,
depuis le temps de saint François.

Trésor de souvenirs : l'église de la vocation, celle
où le Crucifix parla, celle que l'adolescent répara de
ses mains, celle qu'il confia aux Pauvres Dames
comme le plus précieux des biens, où il revint souvent
malade demander à ses sœurs le soulagement de ses
misères, où il composa, moribond, le plus beau des
cantiques, où sa dépouille stigmatisée reçut les
larmes des saintes et où sa mémoire survécut dans
les âmes les plus pures. Toute l'histoire de Claire
et de François, celle d'une des plus belles flammes
qui aient embrasé des cœurs mortels, tient dans ce

(1) P. Sabatier,

petit espace. Et, pour être complet et n'oublier personne, qui sait quel n'y fut pas le rôle du vénérable patron du lieu, saint Damien, le bon médecin, qui refusait l'argent et guérissait par charité les hommes et les bêtes?

Peu à peu, l'œil se fait à l'ombre. On distingue une sorte de tunnel, de construction irrégulière, une succession de voûtes emboîtées l'une dans l'autre, comme seraient les pièces d'une jumelle mal centrée. Le crucifix miraculeux, aujourd'hui à Sainte-Claire, est remplacé par une copie. Une suie de siècles et d'encens enduit les voûtes comme une cire. Une vierge archaïque d'un ton de rose morte se penche dans l'abside. Aux murs de la nef sourient de vagues figures de saintes. En vain le regard les interroge : « Saintes, que savez-vous? Ne cachez-vous pas sous vos robes les pierres mises là par saint François? Lui avez-vous juré le secret? » Mais deux ouvertures murées savent mieux nous raconter l'histoire. L'une, à droite (elle donnait sur la chambre du chapelain), est la fenêtre *del denaro*. C'est là que François jeta l'argent qu'il apportait au prêtre, le fatal, bienheureux argent, cause de sa brouille avec son père et de sa rupture avec le siècle. Une fresque représente la scène : François abîmé en prières devant le crucifix, puis la fureur du père menaçant de bâtonner ce vaurien de fils qui le volait pour donner aux églises. L'auteur est sans talent, mais les gestes ont du naturel; la colère du vieux est surtout bien rendue. Autour de la fenêtre, occasion de la querelle, cette enluminure populaire est sans prix. Dans la seconde ouverture, sous la vierge rose, au fond de l'abside, était la grille par où les sœurs communiaient. C'est par là que, la grille arrachée, sainte Claire, le jour des funérailles, baisa les mains, le front glacés de son maître et de son ami. Entre ces deux fenêtres, celle de la bourse, celle des adieux, se déroule la vie de saint François d'Assise.

Giotto, quand il a peint cette dernière scène, en fait une scène de place publique, un *vocero* de pleureuses qui se tordent les bras, se donnent en spectacle. Saint-Damien devient une église de marbre, un décor des Cosmates. Combien on préfère cette douleur intime, ces nonnes invisibles, cette main de cadavre qui passe par un guichet, ces ombres, ces sanglots étouffés, avec, pour éclairage, ce jour blessé qui entre au cœur comme la lance du saint Graal!

Beauté de Saint-Damien, pureté qui dégoûte de l'art! Le chœur, le réfectoire aux vieilles tables noires, les escaliers usés par tant de pieds délicats, tant de pas de colombes, le dortoir où Claire apparut, le Saint-Sacrement à la main, à la fenêtre du parvis, comme un ange sur le rempart, pour repousser les Sarrazins, tout respire la parfaite noblesse, le rien de trop, la décence et le dépouillement suprêmes, le style de la pauvreté: eau pure, festin des vierges, qui donne la nausée du reste. Au dortoir, une croix de bois marque la place de Claire : là elle dormait parmi ses sœurs, et là s'endormit pour le ciel. D'humbles vases sur le carreau dessinent une seconde croix de fleurs : image d'une pudeur auguste, qui passe toute statue, idéale figure, et qui dit toute la femme, — amour, sacrifice et parfum.

Dans un coin de la sacristie, une porte basse, murée aussi (c'est décidément le pays), conserve dans son enfoncement, comme au fond d'une guérite, une fresque de saint François. La légende veut que cette niche ait servi de cachette au jeune homme lorsqu'il fuyait la colère paternelle; on a même ajouté, pendant qu'on y était, que sur le point d'être pris, le mur s'ouvrit de lui-même pour recevoir le fugitif. On sent que les miracles ne coûtent rien ici. Le fait est qu'une tradition, attestée au XVIIe siècle, assure que sainte Claire fit peindre dans cette logette le portrait de François, de grandeur naturelle. L'imagination a fait le reste.

Le portrait original a disparu. Celui que nous voyons représente un jouvenceau de Pérugin ou de Benozzo, avec les chausses, la jupe, la toque de la Renaissance. Suivant l'habitude de son siècle, l'artiste chargé de repeindre la fresque s'est gardé de prendre aucune peine pour reconstituer le costume, la robe du *dugento*. Il a peint un mondain de son temps, voilà tout.

Mais, s'il est vrai que la dimension du portrait est exacte, et que ce soit ici la vraie mesure de saint François, qu'il tenait donc peu de place sur la terre! Nous avons beau savoir qu'il était tout petit — *corpusculum*, disent les biographes, — on est surpris pourtant d'une taille si exiguë. Un enfant, un gamin de quinze ans, souvent est plus développé. Que cette forme menue était chose légère : une flamme, un paquet de nerfs, mais de grâce surnaturelle. A voir les étranges cachettes, les trous de souris où il se nichait, les réduits qu'il s'est faits dans tous ses ermitages, les pertuis où il se coulait, il faut bien croire que, sur ce point, le portrait exagère à peine. Maint autre trait que je dirai, des objets qui lui ont servi, la chapelle de voyage que l'on conserve à Greccio, véritable jouet qui rappelle les « mois de Marie » de notre enfance, confirment cette impression. D'avoir eu si peu de matière, d'être Ariel, est-ce reproche? Jeanne d'Arc aussi jamais ne fut tout à fait femme. Peut-être certains élans, certains héroïsmes ne sont-ils possibles qu'aux êtres qui ne mûrissent pas, jamais ne sortent de l'enfance.

A défaut de ce portrait qui, hormis sur un point,

n'est pas un document, avons-nous quelque moyen de nous représenter saint François, quelque indice sur sa personne? Problème fort compliqué que celui de l'iconographie franciscaine. Des deux ou trois portraits qui ont des chances de remonter au temps de saint François celui de Subiaco répond presque à la mesure donnée à Saint-Damien. François n'y porte ni les stigmates ni le nimbe et est appelé simplement « Frère François » La fresque est de 1224 selon les uns, de 1228 selon les autres Je laisse aux savants d'en décider A Pescia, près de Lucques, se trouve un portrait de 1235. Un troisième est celui de l'église basse d'Assise. On l'a cru longtemps de Cimabue, et de la fin du siècle. Un jeune savant, M. Cornelio Sagui, et le R P Fosco semblent avoir démontré qu'il est l'œuvre de Giunta de Pise, et qu'il serait de 1236; on aurait ici le portrait officiel du saint, exécuté sur son tombeau, peut-être d'après des documents, du moins d'après des souvenirs qui devaient être encore vivants au sein de sa famille, dix ans à peine après sa mort.

Le morceau est célèbre. L'auteur a fait effort pour serrer la physionomie : cette petite mine fiévreuse, ce chiffon de visage, cet aspect noiraud, souffreteux frappent vivement. Ces données, par malheur ne correspondent guère à celles de la figure charmante de Subiaco : celle-ci est plus ouverte, plus gaie, blonde, ingénue, beaucoup plus fine surtout, plus aristocratique. Laquelle croire? Hélas! Aucune, et pour une bonne raison : c'est que personne, à cette date. ne savait ce que c'est qu'un portrait. Dès siècles, des pays entiers. la Grèce du v° siècle, l'Inde bouddhique, la France romane l'ignorent. L'idée même de l'individu les problèmes d'analyse et de construction, le caractère et le rapport des traits, la notion de l'organisme et de l'unité physiologique sont des choses dont le monde ne se serait jamais douté sans l'exemple de quelques bustes romains, et sans deux ou trois douzaines de médailles de Pisanello. Le portrait est la plus belle invention de la Renaissance; mais il n'existait pas au temps de saint François. Le livre n'y réussit pas mieux que le tableau. Il suffit de lire le signalement de Celano, cette suite de traits décousus d'où ne résulte aucun ensemble. La meilleure image, à mon gré, est encore celle de Subiaco, qui donne au moins une impression de la séduction du modèle et de son air de Prince Charmant.

Il faut s'y résigner : les traits mortels de François nous échappent. Ce n'est pour nous qu'une âme, un esprit. C'est perdre peu de chose, ce rien de chair, ce semblant de corps qui lui pesait si lourd et qu'il traitait si durement. Ne regrettons pas cette poussière. Ce n'était guère qu'un souffle, mais ce souffle subsiste : son intraitable volonté, son bouleversant génie. L'essentiel en demeure ici, dans un endroit surtout : c'est ce petit jardin étroit comme une cellule où, invisible entre des murs, derrière l'abside de l'église, Claire, le soir, arrosait ses fleurs en regardant la Portioncule. Le plus virginal des romans tint là dans des regards qui ne pouvaient se voir, dans les ardeurs qui s'élevaient des deux petites chapelles, colonnes de prières qui ne se rejoignaient qu'au ciel. Là, François mourant, presque aveugle, sur cette terrasse juste assez grande pour sa couchette, exhala le *Cantique des créatures :* tel il vit tout entier pour nous après sept siècles, une musique, un cri, un chant qui ne périra plus.

CHAPITRE IV

PROMENADE DANS ASSISE

De fort grands saints n'ont presque pas de patrie
sur la terre. Ils vivent et meurent loin de leur berceau. François demeure attaché à son petit pays.
Sans doute, nul n'a plus voyagé que cet éternel vagabond. Il s'appelait lui-même un passant et un exilé.
Il va sans dire qu'il n'avait pas plus que personne
en son temps l'idée moderne de la nation. A Pérouse,
il était déjà chez l'étranger. Mais une grande partie
de sa vie s'est passée dans l'enceinte de son étroite
patrie, dans un champ qu'on embrasse ici d'un
seul regard. Dès qu'il sort de ce cercle, on ne
le suit plus que vaguement. Il est presque un saint
local. Il tenait par une fibre secrète à sa petite ville;
il y est revenu après chacune de ses courses, et il est
mort en la bénissant.

Si l'on en croyait le populaire et les marchands
de cartes postales, toutes les pierres de l'endroit
nous parleraient de *San Francesco*. Place Victor-
Emmanuel, une charmante console de la fin du
XVe siècle passe pour une chaire d'où il prêchait aux
gens d'Assise ; elle n'a même pas pu servir à saint
Bernardin. La chapelle de *San Francescuccio*,
où l'on veut que l'enfant soit né dans une étable,
est un boyau, un couloir du palais Bini, voûté au
XVe siècle, et qui n'a jamais fait partie de la *casa*

Bernardone. Toute cette légende est encore inconnue à l'époque des *Fioretti*.

Dans l'ensemble, le caractère d'Assise est celui d'une ville du xivᵉ siècle. Celle qu'a connue saint François est encore beaucoup plus petite. De ce que nous voyons aujourd'hui, qu'a-t-il vu? La forteresse, qui domine Assise du trapèze de sa carcasse, est une construction d'Albornoz. La *Piazza*, dans sa forme, a dû rester intacte : mais ni le palais, ni la tour, ni la maison du Capitaine du Peuple n'existaient du vivant du saint. Disparues en revanche, la paroisse de Saint-Georges, où il avait appris à lire, et celle de Saint-Nicolas, où il consulta l'Évangile avec Bernard de Quintavalle. Pour sa maison natale, elle a été abattue pieusement au xviiᵉ siècle et remplacée par une église aux frais du Roi Très-Catholique. C'est une petite église en croix grecque surmontée d'une coupole, avec une façade à pilastres classiques. Un lambeau de mur et une vieille porte (celle par où la mère sortit, dit la légende, pour accoucher aux écuries) se conservent dans la sacristie; dans le pilier de gauche est une espèce de cachot où le vieux Bernardone aurait mis son fils aux arrêts. Une mauvaise statue de terre cuite peinte y représente le prisonnier. Cette manière d'honorer un saint, en détruisant sa maison natale, nous surprend : pourtant, n'est-ce pas ce qu'on voit à Rome, à Sainte-Cécile, à Sainte-Praxède, à Sainte-Agnès? Un saint n'est pas une bête curieuse, comme un Gœthe à Francfort, un Jean-Jacques aux Charmettes, un objet pour touristes. Que faire de sa maison, sinon un lieu de prière? Pas de place ici pour les badauds. De la réalité, deux thèmes sont conservés : la naissance en tel lieu, et puis que ce foyer charnel était pour lui une prison. « *Qui ne hait son père...* » Genre de méditations sévère : il ne s'agit pas de vaines tendresses, *risu cognoscere matrem*, mais de savoir comment un mortel se rend digne du royaume des cieux.

Les monuments de saint François ne courent pas les rues dans Assise. Une inscription de 1216 à Sainte-Marie-Majeure; une vieille porte basse ouverte en 1199, en mémoire de l'assaut victorieux de la Rocca; çà et là, quelques venelles, la façade désaffectée de Sainte-Marie des Roses, enfin le portique de la Minerve : il faut beaucoup de bonne volonté pour se figurer d'après cela la ville de François Bernardone.

Reste la cathédrale. L'intérieur est baroque; seuls, les fonts baptismaux, une cuve de pierre ronde, comme un puits dans une cage de fer, sont les fonts mêmes où furent portés, à quelques années d'intervalle, ces deux enfants prédestinés, saint François et sainte Claire. Mais la façade subsiste, au moins les deux premiers étages; voilà enfin un morceau à mettre sous la dent, une page de l'histoire de saint François.

Cette belle façade ample, plane, aux divisions nettes, avec ses trois portes espacées, est sa contemporaine. On connaît les modèles de ce genre de portails : ici, nous sommes en Provence. Sans doute, il y a des différences. Comparée aux chefs-d'œuvre de Saint-Trophime et de Saint-Gilles, la sculpture du tympan est bien pauvre et barbare; une Vierge maussade tend au *bambino* un pis sec, aigu comme un caillou. On distingue dans les rinceaux vingt figurines de combattants. Le long des colonnes, les griffons, les dragons, la faune de Moissac; le fût repose sur des lions qui dévorent des hommes par la tête. Tout cela, sous la pluie, prend un lustre de bronze. Mais impossible de méconnaître sous les nuances de l'accent, les thèmes d'Arles et de Toulouse.

Ces choses vaudraient pourtant la peine d'un

regard. Mainte fable naît d'une image. A la façade d'Assise, je vois, à l'étage de la galerie, un motif singulier : deux louves. Entre les colonnettes, comme derrière la grille du Capitole, elles se jettent sur deux veaux sculptés au centre de la galerie. Quel trait pour l'imagination! Qui sait s'il n'y a pas eu quelque part, à Gubbio, un animal semblable? Qui sait si telle ne serait pas l'explication de la légende du loup de Gubbio et si l'origine lointaine, la richesse de ce symbole, ce qu'il a de dessous et de retentissements ne dérive pas sourdement d'une première Louve, du vieux bronze qu'on voyait à Rome, au temps de saint François, à la façade du Latran, de l'aïeule farouche qui semble le génie des tribus italiotes?

Revenons à Assise. Aux façades d'Italie, peu de grande statuaire; pas un portail sculpté, pas de colonnades humaines comme à Chartres, à Etampes. En Italie, ce thème est remplacé par un autre, le thème de l'atlante (ancêtre des Esclaves de Michel-Ange). Ce sont des figures décoratives, de belles attitudes qui se déploient pour soutenir un trône, une chaire, un candélabre, une corniche. A Assise, à Spolète, dont les façades sont jumelles, ces figures supportent la rose.

C'est précisément l'attitude que Giotto prête à saint François pour épauler le Latran, dans le *Songe d'Innocent III*. Et le songe lui-même, s'il a quelque chose d'historique, ne sort-il pas de cette figure?

Il faudrait faire le tour du « monde » de saint François, feuilleter son répertoire d'images : à Foligno, il voit le fabliau du renard et de la cigogne; à Spolète, sur cette façade de Saint-Pierre, pareille à un diptyque d'ivoire, il voit la vocation de l'apôtre, la pêche miraculeuse, les fables de Renard, le lion et le bûcheron, la mort du juste et la mort du pêcheur (comment ne pas songer au tableau saisissant que François fait de la mort de l'avare?); et à Spolète encore, à Bevagna, à Todi, partout, l'irréprochable saint Michel.

Répétez ce travail en suivant ses voyages, à Venise, à Ancône, à Ferrare, dans les villes d'Italie où nous savons qu'il a été, et où il reste de la sculpture ou des tableaux du XIIe siècle : vous obtiendrez un fonds, une poignée de faits qui vous renseigneraient sur sa formation. Mais ces indications suffisent : cette promenade dans Assise et ces coups de sonde aux environs nous enseignent le chemin de la France.

CHAPITRE V

CHANSONS DE GESTE

Que mes amis d'Italie se rassurent : je ne vais pas annexer saint François. Rien ne prouve, comme on l'a écrit, que sa mère soit française. Ce qu'on rapporte de son nom, que lui aurait donné son père (sa mère l'avait baptisé Jean), est une légende tardive. On ne sait rien des voyages qu'il aurait pu faire en France avec le bonhomme, qui y faisait le commerce des draps aux foires de Montpellier, de Beaucaire et de Provins.

Mais saint François aimait la France. Il en parlait la langue, qui était pour ce poète la langue des poètes. Toute sa vie, aux heures d'allégresse, ou bien aux minutes d'abattement et de mélancolie, il eut coutume d'épancher le trop plein de son cœur en paroles mesurées et en rimes françaises, *gallice*, dit son biographe Celano. Il chantait en français, *lingua francigena decantabat*, le jour où les brigands le trouvent tout nu dans la forêt et le roulent dans la neige. A Rieti, dans ses derniers jours, c'est en français qu'il soupire encore. La France était l'école du monde : au XIIe siècle, nulle poésie que la nôtre. C'était la langue des vers, la langue de l'amour. Tout poète se fait un univers à part, une patrie imaginaire. Ce qu'est pour Shakespeare l'Italie de Roméo et de Juliette, la France le fut de bonne heure pour le fils de Pierre Bernardone. C'était son roman, sa marotte : là seulement toute politesse, culture, modes raffinées, esprit, douceur et art de vivre. De là le sobriquet que lui donna sa bande, lorsqu'il était le coq de la jeunesse d'Assise : *Francesco*, le petit Français. La France n'est point sans doute sa parente, sa mère selon la chair ; c'est la marraine, la bonne fée, la mère de son imagination.

A quoi bon le voyage? La France était sur toutes les routes. Ses poètes. Peire Vidal, Rambaud de Vaqueyras promenaient en Italie de château en château le bien dire, la musique, l'idée délicate de la femme, le gai sçavoir des troubadours. Ces oiseaux chanteurs, race légère, sans souci, sans attache, sans autre bien que leurs chansons, devaient plaire à François, et peut-être lui faire envie : partout ces vagabonds, en échange d'un refrain, trouvaient chez les seigneurs le vivre et le couvert.

Il y a toujours à Assise (justement dans le vieux quartier de Moiano, le quartier des Bernardone), une *via francesa*, qui gagne à travers champs la route de Pérouse. Qui a pu faire croire au savant P. Bracaloni que ce nom est le souvenir du passage d'une armée française? C'est l'archevêque de Mayence qui a pris et pillé Assise, et on ne parle point dans le pays d'une *via teutonica*.

Route de France! Chemin des Français! Tout le monde a lu dans les livres d'Emile Mâle et de Joseph Bédier ce que c'était au moyen âge que le pèlerinage, les grandes routes de Rome et de Saint-Jacques de Compostelle. On sait à présent que chacune de nos chansons de geste se rattache à une abbaye, qui est elle-même une station sur une route de pèlerins. Chemins de poésie, vrais fleuves d'épopée : jusqu'au fond de la Pouille, l'Italie en est arrosée. Il y a trente ans, quand je me montais la tête avec l'*Histoire poétique de Charlemagne*, je ne cessais de m'étonner d'y voir tant d'épisodes qui se passent, Dieu sait pourquoi? dans des trous de l'Apennin, à Nepi, à Sutri. On trouve encore par là des grottes et des bois qui s'appellent la grotte ou le bois de Roland. Tout s'explique aujourd'hui par cette simple remarque, que Sutri et Nepi sont sur une route de pèlerins.

Les monuments parlent de même. Merveille, dans ce pays qui ignore le portail à figures, d'en rencontrer soudain à Vérone, à Ferrare, et quelles figures? Roland et Olivier. C'est que Vérone et Ferrare étaient des relais de pèlerins. A Modène, à Bari, même surprise : les portes de ces cathédrales racontent la légende d'Arthur et les combats de ses chevaliers, et c'est peut-être le même sujet qui se joue dans les rinceaux qui décorent l'archivolte d'Assise. Ah! ce n'est pas alors qu'on eût fait à Barrès la méchante querelle qu'on lui fit au sujet de son beau poème de *l'Oronte!* L'Eglise, en ce temps-là, n'écartait point un conte d'amour. Elle savait se faire une alliée de la poésie.

Magnifique route monumentale, Voie lactée des poètes qui ruisselle du Nord au Sud, au ciel de l'Italie! Pendant des siècles, tout le roman de ce pays, du *Roland* de l'Arioste jusqu'au *Renaud* du Tasse, coule d'une source française. Et cela n'est pas vrai seulement de ces grands poètes lettrés : le peuple s'y amuse encore. Aux bibliothèques des gares, dans les villes de province, on voit toujours à l'étalage, entre les *magazines* modernes et les faits divers en couleurs des gazettes illustrées, des éditions populaires des *Reali di Francia*, telles qu'étaient jadis, dans la hotte du colporteur, les *Huon de Bordeaux* de la *Bibliothèque bleue*, toutes pleines d'histoires de Berthe et de Pépin, de Floovant et de

Macabrun, et de Beuve d'Hanstone et du Soudan de Babylone et de l'oriflamme de Saint-Denis. L'Italie s'en souvient quand la France les oublie. Sur la place Navone, aux fêtes de la *Befana*, les petits Romains admirent encore, aux boutiques en plein vent, de drôles de marionnettes enfilées comme une brochette de grives à une ficelle, des guerriers de fer blanc empanachés d'une plume de coq, agitant des petites jambes de zinc pareilles à une paire de flûtes de deux sous : ce sont les derniers descendants des pairs de Charlemagne.

Je le dis, parce que ces histoires, ce sont les « enfances » de saint François. Nous touchons là ses origines. On a voulu trouver dans les mouvements contemporains, dans l'inquiétude confuse de la foi au XII⁰ siècle, dans la fièvre cathare, vaudoise ou albigeoise, les sources de sa pensée : peine perdue! Pas un indice que François ait été effleuré de cette malaria. Quant à l'influence des idées de Joachim de Flore,

> *Il calavrese abate Gioacchino,*
> *Di spirito profetico dotato* (1),

tout ce qui s'est écrit sur ce sujet vient d'un malentendu. Rien de plus curieux que l'état d'esprit qui a régné quelques années, vers le milieu du XIII⁰ siècle, dans un petit cercle de franciscains exaltés, à propos des rêveries du visionnaire de Calabre, sur le règne de l'Antéchrist et l'Evangile Eternel. Mais ces imaginations livresques sont le produit de la seconde génération franciscaine, celle de Jean de Parme, d'Ubertin de Casal : ce sont des pensées de clercs,

(1) L'abbé Joachim, le solitaire de Calabre, qui fut doué de l'esprit des prophètes. (Dante, *Paradis*, XII, 140.)

tout à fait étrangères au sentiment original de la première génération, bien plus encore, il va sans dire, à la personne du fondateur et au caractère tout spontané de sa création

Et comment veut-on qu'un mondain, un viveur qui ne pensait qu'aux fêtes et à la gloriole, à qui sa jeunesse comme on dit tintait à la cervelle, comment veut-on que ce garçon, occupé à faire danser les écus de son père, se souciât des idées sociales d'un tas de quakers, qui ne pouvaient lui inspirer que le plus profond dégoût, ou s'avisât de ce qu'élucubrait, dans son Paraclet des Abruzzes, le solitaire de Flore? Que lui importaient les idées de ce rêveur sur l'Antéchrist? Jamais je ne me figurerai François en train de pâlir sur le fatras du *Psalterion à dix cordes*. Au contraire, on le voit très bien parmi la foule des badauds, béant devant le tréteau des jongleurs de carrefour, boire de toutes ses oreilles leurs longues rhapsodies ou bien, faisant au ménestrel ambulant un pont d'or, le ramener à ces banquets dont il régalait sa bande et s'étourdir de prouesses jusqu'à demain matin, en écoutant, au son de la vielle, se dérouler les *laisses* épiques, coupées de farouches « *AOI* »

On a écrit un livre célèbre, *François le troubadour*. Quel livre à faire sur *François le paladin* ! Je n'ai point lu ce père de Canfeld qui publiait, en 1607, une vie de François sous le nom du *Chevalier chrétien*, ni ce mineur espagnol, Gabriel de Mata, auteur d'un poème intitulé *le Chevalier d'Assise*. Mais j'imagine que ces capucins du bon temps se faisaient une idée plus juste de leur patron, que tous les modernes esthètes qui font des phrases élégantes sur le *Poverello*. Je m'en rapporte au Castillan pour savoir ce que c'est qu'un vrai *caballero*. On n'entend rien à saint François, ni peut-être à aucun saint, si l'on ne s'est mis en tête que leur affaire est d'abord une affaire héroïque. On n'a que trop roucoulé depuis un siècle sur saint François. Replaçons-le dans son climat, qui est celui de la chevalerie.

Que l'air de la chevalerie ait enivré sa jeunesse, c'est tellement évident qu'il ne vaut pas la peine d'insister. Cet étrange fils de drapier qui ne rêve qu'aventures, qui monte à l'assaut des Bastilles, se lance à l'avant-garde avec une telle *furia* qu'il se fait pincer comme un « bleu » à sa première affaire, qui, à peine sorti de prison, ne songe qu'à prendre sa revanche, remonte à cheval, part pour les Pouilles, disant à qui voulait l'entendre qu'il serait un grand prince, n'était pas un marchand de l'étoffe ordinaire. Il ne voyait que chevauchées, campagnes, gloire militaire. Il est vrai que c'était quand il vivait dans le péché. Ce qui est singulier, c'est que pour l'en retirer, sa vocation elle-même prend la forme guerrière. Le bon Dieu, si je puis dire, est obligé de déguiser : pour le faire mordre à l'hameçon, il faut qu'il entre dans sa chimère, bref, il lui dore la pilule. Il lui montre des armes et des harnais de guerre et une voix lui dit : « Voilà pour toi et pour tes hommes ». Pour en faire un moine, le Seigneur est forcé de lui promettre un arsenal; il ne lui parle point de froc, mais d'un adoubement.

Et je ne jurerais pas que sa conversion l'ait fait changer d'avis. François n'abjure rien. Jamais, au fond du cœur, il n'a renié sa chevalerie. Naturellement, c'est une chose que ses biographes n'avouent guère. Il faut *dérouler* le tableau, comme on dit en termes d'atelier, lever avec précaution la couche de vernis ecclésiastique. On retrouve alors, çà et là, quelques traits de l'homme du monde, quelques saillies de caractère qui ont échappé, par bonheur, aux retouches des hagiographes.

« Regarde, disait un jour le Bienheureux à un

novice, regarde l'empereur Charles, Roland et Olivier, et tous les paladins et ces grands hommes de cœur puissants dans les batailles... » (1)

On entend le François des jeunes équipées. Quand il était content, ajoute le même auteur, le saint appelait ses frères « ses chevaliers de la Table-Ronde ». Comme au temps où le ciel lui envoyait des visions d'armures, toujours il se figura son ordre sur le modèle d'une chevalerie. Il en conserve le langage. Et il en a si peu oublié les façons qu'il lui arrive, dans les châteaux, pour se faire entendre des gentilshommes, de prêcher sur des vers de chansons chevaleresques : nous avons le « texte » d'un de ces sermons où, au lieu d'un verset des saintes Ecritures, il parla sur ce distique de *canzone* amoureux :

> *Tanto è il bene che io aspetto,*
> *Che ogni pena m'è diletto* (2).

Non, ce petit moine ne s'est pas défroqué de sa chevalerie : il ne la jette pas aux orties. Il y a des moments, ma parole! où l'on dirait qu'un brave, fût-il un peu brigand et eût-il quelques âmes de chrétiens sur la conscience, lui semble préférable à un bon marguillier. Tant il est dur, même à un saint, de dépouiller le vieil homme!

Ou plutôt non, qu'a-t-il à dépouiller vraiment? Dans cette ville d'Assise où je vais cherchant sa trace et recueillant son souvenir, demandant aux vieilles pierres qu'elles me parlent de lui, ravi si je trouve un détail, une porte, une gracieuse fenêtre à colonnette médiane, comme celles des maisons romanes de Saint-Junien et de Cluny,

(1) *Speculum Perfectionis*, édit. Sabatier, Paris, 1898, p. 10.
(2) Si grand est le bien où j'aspire, que toute peine m'est plaisir. (*Considérations sur les stigmates*, à la suite des *Fioretti*, édit. Amoni, Rome, 1889, p. 192.)

quelque chose, en un mot, d'authentiquement contemporain, comme est ce bijou de petite place de Bevagna, où je voyais l'autre jour débiter des cochons rôtis dans leur peau d'or, sur une perche enfoncée dans la gueule, je passe souvent, dans cette petite ville vieillotte, devant une maison à chambranles Renaissance, dont le rez-de-chaussée est loué par un matelassier. La maison est moderne et, sous son rhabillage à la Brunellesco, fait plutôt un effet singulier dans tout ce moyen âge. Pour achever, le propriétaire a fait graver sur le linteau une inscription en vieux français, deux vers cornéliens de la *Chanson de Roland* :

Mult ad apris ki bien conuist ahan...
Mult bien espleitet qui Damnesdeus aiuet... (1).

Surprise de trouver ici, parmi ce pastiche de la Renaissance, ce grave écho du XIIe siècle! La première fois que je découvris cette maison éloquente, je tressaillis : je venais d'entendre la profonde voix des âges. Dans la petite ville assoupie, c'était le son de l'olifant. Soudain, je crus voir devant moi le ménestrel errant, ambassadeur de France et qui l'était du Ciel, charmeur qui ensorcelait un jeune extravagant. François suivait la cantilène qui lui parlait des Preux et qui à son insu l'entraînait vers la gloire des saints. Derrière le ménestrel, un ange invisible battait la mesure et conduisait l'archet. Je devinais le mot de la comédie divine, et l'enfant, dupe heureuse des ruses de la Providence... Ces deux

____

(1) On en sait long, quand on a bien souffert (L'homme est un apprenti, la douleur est son maître). — Il fait de grandes choses, celui qu'aide le Tout-Puissant. *Chanson de Roland*, v. 2 524 et 3 657.

Tome XXXIV. — 1926.

vers, c'est le secret d'Assise et le secret de saint François.

Au fait, pourquoi s'en étonner? On s'émerveille que des romans aient exercé une telle action sur une âme religieuse. Quoi de plus naturel? Ces épopées guerrières sont des œuvres édifiantes. Toute cette littérature est née à l'ombre du cloître. La chevalerie est une création de l'Eglise. Il saute aux yeux que Roland, Olivier, Turpin sont des martyrs. Héroïsme, sainteté, c'est ici la même chose; profane, sacré, cette distinction est illusoire au moyen âge. Et alors, tout s'explique. Ce qui vient de la flûte, comme on dit, retourne au tambour. Si les moines ont fait l'épopée, les épopées ont fait les moines : voilà le mystère en deux mots.

Le XIXe siècle s'est donné une peine infinie pour trouver à nos chansons de geste un fondement historique et découvrir à quels modèles ressemblent leurs héros. Vaine besogne que cette enquête de philologues de Greifswald pour saisir cette chose ailée, la poésie! Ne serait-il pas beaucoup plus juste de se poser la question inverse : quels personnages de l'histoire se sont formés sur la fiction? Quelle réalité la poésie a-t-elle créée? Dans ces conditions, les épopées étant à peu près des vies de saints, quoi d'étonnant qu'elles aient enfanté à leur tour des générations de saints, au moins tous ceux d'une certaine race, saint Louis, Jeanne d'Arc, saint Ignace, sainte Thérèse et, le premier de tous, saint François d'Assise?

Entrons dans le détail, et faisons un peu sur le vif la psychologie de saint François. Il y a, dit Pascal, des mots déterminants. *Cortese, cortesia,* pour François, sont un de ces mots-là : il l'avait toujours à la bouche, comme saint Louis celui de *prudhomme* (et notez que ni l'un ni l'autre ne sont de la langue des sacristies). Le terme de courtoisie s'est beaucoup appauvri. Pour le comprendre dans son sens plein, il faut se reporter à une page des *Fioretti*. Lorsque, pour faire entendre à frère Massée les vertus de la divinité, François dit que le bon Dieu est *courtois*, il veut dire bien autre chose que les mérites d'un homme bien élevé. Dans son esprit c'est une vertu qui implique avant tout la noblesse, la magnificence, le contraire de la petitesse et de la mesquinerie. L'expression est très forte, comme qui dirait à peu près « Le Seigneur est un grand seigneur... » Dans une autre occasion, lorsqu'il s'apprête à subir le cautère et qu'il voit de ses pauvres yeux à demi aveugles les instruments féroces, les cruels fers chauffés à blanc et que, dans le tremblement et la détresse de son corps, il s'adresse à « son frère le Feu », le suppliant d'être *courtois* il ne veut pas lui dire seulement « Sois gentil » mais quelque chose comme « Sois bon prince sois généreux ! » *Cortesia* est pour lui la vertu royale par excellence. On comprend très bien que François prête ces qualités radieuses au Créateur il serait ridicule de lui attribuer de la politesse. On croit entendre saint Louis dans son charmant langage (ah ! ces hommes d'autrefois qui faisaient de la beauté une perfection divine) s'agenouiller devant Dieu et l'appeler : « Beau Sire... »

Encore un personnage dont saint François parle tout le temps le Roi ! Il parle de la femme et de la fille du Roi, des messagers des gardes du Roi de la maison du Roi de la table du Roi Mais où donc a-t-il pris son idée de la Cour ? Point de cour alors en Italie celle du Pape était peu de chose, et celle du Hohenstaufen dans ses châteaux de Naples et de Capoue devait donner à François l'idée d'un lupanar, d'un sérail dans un corps de garde. Les autres rois d'Europe le Bohémien ou le Hongrois, étaient de bien minces monarques auprès du Capétien du Louvre Gloire des fleurs de lys! Dans ce temps-là, quand on parlait absolument du Roi, ce n'était pas le roi d'Angleterre qu'on voulait dire.

On trouve à chaque instant dans la vie de François des traces de la chanson de geste. Sa biographie est faite de *leit-motifs* épiques. Vie de poète, toute inspirée des poètes! Une fois sur terre, la poésie a été une chose vécue, et ce fut cette chose enthousiaste, ailée, la vie de saint François d'Assise.

Le premier pas qu'il fait sur le chemin de la perfection, ce fut, on le sait, sur l'ordre du crucifix de Saint-Damien : « Va, répare mon église, lui dit la Voix, tu vois bien qu'elle tombe. » François prend l'ordre au mot : il croit qu'il s'agit de restaurer une chapelle, et non (comme l'événement le prouva) la sainte Église de Dieu Mais n'est-il pas singulier que le crucifix de Saint-Damien parle précisément comme eût fait le crucifix d'une vision épique? Travailler aux églises est une chose qui se fait beaucoup dans nos vieilles chansons C'est la plus méritoire parmi les œuvres pies, celle qui s'impose le plus souvent au héros qui a péché et qui fait pénitence. Renaud de Montauban, Girard de Roussillon finissent leur vie tragique en peinant comme manœuvres sur des échafaudages de moustiers ou des chantiers de cathédrales. Porter des poches de sable, gâcher du mortier dans des auges, c'est un ouvrage qui les connaît. Il y a là-dessus, dans nos vieux poèmes, vingt épisodes admirables. François ne manquait pas d'exemples en prenant la truelle et en liant le moellon. S'il faisait le maçon, il pouvait bien scandaliser tous les bourgeois d'Assise : il ne dérogeait pas de sa chevalerie.

Se faire ermite, et même moine, rien de plus conforme encore au code des Preux : le cloître est l'épilogue de tant de vies héroïques! Quant à la Pauvreté, s'il y a au monde quelque chose de chevaleresque, pour le coup, c'est bien celle-là. Tenir l'argent pour chose vile, inférieure, et sa possession même un peu déshonorante, excusable seulement à la condition de n'en parler jamais et de montrer qu'on est au-dessus d'une pareille misère, c'est ce qui, malgré nous, fait encore partie, à nos yeux, de la définition des âmes élevées. Où avait-il pris ces idées, ce fils de boutiquier? Nulle part ailleurs que dans les romans. Croire qu'il est des réalités du cœur, des choses qui échappent au pouvoir de l'argent, et que tout ne tient pas dans le Doit et Avoir et dans une balance de comptes, c'est même justement ce qu'on appelle le romanesque.

Au fond, nous autres Latins, nous pensons tous, comme François, que l'argent est quelque chose de vulgaire et de servile; nous n'estimons vraiment que les métiers où on n'en gagne pas; la mesure de notre admiration, c'est le désintéressement. C'est une nuance de sensibilité irréductiblement chrétienne, que ne peuvent guère s'expliquer les races nouvelles de *businessmen*. Ils n'étaient pas à Ronceveaux. Ils n'ont point pleuré tout petits sur la mort de Roland les plus belles larmes de leur vie. Il leur manque ce baptême humain du moyen âge, ce bain de quatre siècles d'éducation chevaleresque.

Est-ce qu'un paladin se bat pour de l'argent? La gloire, l'amitié, l'amour, à la bonne heure : une femme ou le Ciel! Se passer de tout, marcher sans manger et sans boire, aller sans relâche et sans trêve, dormir en selle ou coucher sur la dure, vivre à la belle étoile, endurer le chaud, le froid, la fatigue, la misère et, pour se reposer, donner de grands coups d'épée, c'est cela qui en vaut la peine. Pour tout dire d'un mot : la Pauvreté, quelle Aventure! C'est même l'aventure en soi, l'aventure-type, le contraire de l'existence du rentier et du fonctionnaire; c'est le sacrifice le plus courageux, celui de toute sécurité. C'est pousser le goût du risque jusqu'à cette limite où, à chaque seconde, on ne compte plus que sur le miracle.

La pauvreté ainsi comprise, est-ce assez « chanson de geste? » Je n'aurais qu'à ouvrir les *Légendes épiques* pour trouver vingt passages qui offrent le style de saint François, l'accent du détachement héroïque :

> *Cele nuit n'a ne beü ne soupé,*
> *Mais de la gloire du Ciel est saoulez.*

Ne dirait-on pas, en deux lignes, le résumé de la *Joie parfaite?* Et, dans les *Narbonnais*, la scène où Aimeri déshérite ses enfants et les chasse par le monde pour leur apprendre à être des hommes, n'est-elle pas tout à fait dans l'esprit de François au moment décisif de sa vie? Il y pensait peut-être le jour à jamais mémorable où, en présence de tous, il renonce à son père : c'est la même scène, mais retournée. Il y a plus : on voit, dans le poème, Bernard et Hernaut, les fils d'Aimeri, renvoyer les présents du vieux, comme François rend l'argent à Pierre Bernardone :

> *Ja n'en avrom vaillant une châtaigne,*
> *Ainz conquerrom à dolor et à paine*
> *Ce dont vivron à joie (1).*

(1) Nous n'aurons pas de lui la valeur d'une châtaigne; à nous de conquérir avec douleur et peine de quoi vivre dans la joie.

Un autre point par où François se rattache à la chanson de geste, c'est l'idée de croisade. Au fond, toute cette littérature épique n'a qu'un objet : c'est une propagande, une fanfare, un appel de cor, un clairon qui mobilise les âmes, les oriente contre l'Islam. C'est la trompette de la guerre sainte : elle sonne le ralliement contre le Sarrazin.

La croisade, ce fut l'idée fixe de François et le ressort de toute sa vie. Il s'est croisé jusqu'à trois fois, on pourrait dire quatre, si lorsqu'il partait pour les Pouilles, c'était pour guerroyer contre les mamelucks de l'Empereur allemand. En 1212, il part une première fois pour la Syrie, où Jean de Brienne vient de se faire roi de Jérusalem ; les vents contraires le jettent sur la côte des Esclavons, où il erre pendant une année avant de trouver un navire qui fait voile pour Ancône. Au retour, il apprend que les Arabes d'Espagne viennent de subir devant Tolosa un désastre écrasant. A ces nouvelles, François veut courir au Maroc. Il tombe malade en route, après avoir poussé jusqu'à Saint-Jacques de Compostelle. Enfin, en 1218, après ces deux campagnes manquées, il parvient en Egypte et rejoint l'armée devant Damiette ; notre Jacques de Vitry l'y a vu et parle de son courage avec admiration. Il ose franchir les lignes et tenter cette chose insensée : convertir le Sultan. Il y risquait la vie. Le Maure, surpris de tant de bravoure, veut le combler de présents (François n'accepta qu'un petit cor d'ivoire — toujours Roland, voyons ! — que l'on conserve parmi les reliques du *Sacro Convento*) ; il lui laisse la liberté d'aller à sa guise en Palestine. François y passe quelques mois à errer parmi les Lieux saints, remonte jusqu'à Antioche et revient par Venise dans l'été de 1219.

Ce moine avait du « cran ». « Je ne suis pas une poule mouillée, *non sum cuculus* », disait-il. Il n'a pas pris la bure pour se dispenser du courage. Quand on a fait trois fois le voyage, qu'on n'a jamais hésité, comme disait Joinville, à se mettre en aventure de mort, on a bien gagné ses chevrons. En 1220, les frères d'Espagne, Othon, Pierre, Bérard, Accurse et Ajuto trouvèrent au Maroc la gloire des martyrs, François dit seulement : « J'ai cinq frères ». Mais s'il n'avait pas fait comme eux, ce n'était vraiment pas sa faute. Le cœur y était bien. Cet homme qui ne payait pas de mine, qui n'avait même pas la taille militaire et dont n'aurait voulu aucun conseil de revision, avait l'âme d'un héros. Voilà pourtant comme on juge les gens !

Croisade d'Outre-mer, croisade contre l'argent, croisade contre la chair, c'est toujours la même prouesse, un long exploit de paladin. Il y a, dans les *Maximes* de frère Gilles, un mot prodigieux. La chair, dit ce disciple chéri de saint François, c'est *Baldach Saracenorum*. Bagdad ! Les enchantements d'Armide, le monde des *Mille et une nuits*, le paganisme de la nature, les voluptés de Shéhérazade, le mol Orient et ses féeries, tout cela est en nous. Toujours nous avons à délivrer une Jérusalem, à sauver le sacré tombeau où repose le Maître intérieur.

Et cette organisation de l'ordre, cette milice des Mineurs, cette conception d'une armée avec ban et arrière-ban, toujours en campagne, au bivouac, alerte, mobile, sans garnison et sans casernements... Saint François, chef-d'œuvre de nos trouvères ! Comme les preux de nos chansons, il n'a eu qu'une pensée, qui est le refrain de ces vieux poèmes, leur « En avant ! », leur cri de Montjoie-Saint-Denis : « *Exaussier crestienté* ».

Un des plus beaux tableaux du monde est celui de Giorgione, sa merveille de Castelfranco. Rien de plus simple par la donnée : la Vierge sur un autel au milieu d'une campagne, devant un rideau vert ; au pied du trône, deux personnages, un jeune homme en harnais de guerre, saint Libéral, patron de Vérone, l'autre pieds nus, en robe grise, et qui est saint François d'Assise. Toute la beauté de cette composition si calme repose sur la simplicité des rapports entre ces trois figures, la paix de l'atmosphère, le charme du paysage, le contraste de l'armure brillante et de la bure monastique. C'est l'Eglise, c'est la Vierge, la grâce éternelle de la Mère, ayant à ses pieds ses enfants, les deux grandes races de saints qu'elle produit toujours, le moine et le soldat, la vie contemplative et l'action héroïque. Et l'on ne peut s'empêcher de voir qu'elles sont sœurs et que les héros et les saints sont de la même famille.

A eux deux, le saint et le héros, ils forment la noblesse du monde : ce sont les enfants de la poésie. La vie copie les poètes au moins aussi souvent que les poètes copient la vie. C'est ainsi que la vieille chanson, la chanson des trouvères, a gouverné longtemps l'imagination humaine et que nous lui devons la plus belle histoire du monde, des croisades à la vie de saint François d'Assise et aux pantins de la *Befana*.

LA CORDELLE

Puisque me voici songeant de France, pourquoi ne pas suivre le fil du rêve? Pourquoi ne pas prendre la voie des airs, au lieu de ramper terre à terre, parcourir par le chemin de l'oiseau la piste que me trace la *via francesa?* Une des plus belles légendes franciscaines est celle du chapitre XXXIV des *Fioretti : Comment saint Louis, roi de France, se rendit en personne à Pérouse en habit de pèlerin pour faire visite à frère Gilles.* Tout le monde connaît cette scène admirable : cette reconnaissance, cet agenouillement mutuel, ce long embrassement et cette communion sans paroles, où les âmes se fondent, échangent l'ineffable. Histoire qui me charme : toujours je vois le baiser des saints, le baiser de la France et de l'Italie.

J'ai beau savoir que ce n'est qu'une fable : saint Louis n'est jamais allé en Italie; il ne l'a parcourue que mort, dans cet interminable voyage qu'on fit accomplir à ses os, au retour de la plage funeste de Carthage. Le cortège s'arrêta, dit-on, à Assise, à Pérouse : de là, sans doute, la légende. C'est le pèlerinage d'une ombre qu'elle exprime avec cet accent d'outre-tombe. Mais ce qui est vrai, cette fois, d'une vérité historique, c'est la singulière affection du saint roi pour l'ordre de saint François. Il n'avait pas douze ans quand le Pape lui fit tenir une précieuse relique : le coussin sur lequel le saint d'Assise appuya sa tête pour mourir fut envoyé au prince et à sa mère Blanche de Castille, tiède encore du dernier soupir.

Le R. P. Callebaut rassemble une poignée de faits qui permettent d'entrevoir les débuts de l'ordre de saint François en France. Faisons avec lui le voyage. Au chapitre de 1217, le grand chapitre de la Pentecôte où l'ordre naissant organisa les missions, François, dans le partage du monde, se réserva la France : c'était sa vieille amie, la passion de sa jeunesse ; il lui souriait d'y mourir. Il partit sur-le-champ, comme il faisait toujours : une fois résolu, il n'hésitait jamais. Son ami le cardinal d'Ostie l'arrêta en route à Florence et lui représenta qu'il avait mieux à faire : un général d'armée ne va pas se mettre à la tête d'une brigade. François laissa partir la petite troupe des missionnaires, et revint à Assise. L'année suivante, il s'embarquait pour la Terre Sainte.

Ils étaient sept apôtres pour conquérir la France. Mais, n'ayant pas eu le bonheur de commander la mission lui-même, François, par une attention spéciale, lui donna pour chef un de ses frères qu'il aimait entre tous, parce qu'il était, lui aussi, un nourrisson des troubadours. C'était un jongleur, un poète, un de ces enfants de la lyre pour lesquels le saint homme cachait mal sa tendresse :

> *Les jongleors devroit-on molt amer :*
> *Joie désirent et aiment le chanter* (1).

Ce mauvais garçon menait chez les grands une vie dissolue, applaudie sans souci de Dieu et le son

____

(1) Quoi de plus aimable que le jongleur ? Il chérit le plaisir et aime les chansons.

âme, inventeur de chansons subtiles et de refrains de guerre et d'amour C'était le « Roi des vers » l'Empereur l'avait couronné en grande pompe au Capitole! Un jour qu'il était venu en brillant équipage voir une de ses cousines Dieu sait dans quelle intention! dans une maison des Pauvres Dames de la marche d'Ancône, il y trouva le Père Séraphique en train de visiter ses filles L'homme de Dieu lui apparut sur le seuil armé de deux glaives flamboyants qui se croisaient sur sa poitrine Le séducteur crut voir l'archange qui défendait le Paradis Déjà troublé par cette vision, il entendit le soir le sermon de François: la grâce le toucha Il fut trouver le saint : « Donne-moi au grand Empereur! » lui dit-il Il reçut l'habit le lendemain avec le nom de frère Pacifique C'est ce poète que François chargea de la mission de France

Les sept parvinrent à Saint-Denis dans l'été ou l'automne de 1217 On les y accueillit assez mal Les moines des anciens ordres regardaient du haut de leurs siècles et de leurs biens immenses ces va-nu-pieds qui arrivaient avec la simplicité de l'Evangile, sans lettres de créance ni aucune protection humaine, n'ayant pour tout bien que leur corde et une mauvaise tunique Ces inconnus étaient naturellement suspects Des mesures sévères venaient d'être prises justement contre le pullulement des sectes Avec une imprudence toute franciscaine, les frères s'étaient mis en route sans savoir un mot de la langue du pays Est-ce que ces bagatelles avaient arrêté les Apôtres? Intrigués de leur manière de vivre, les moines leur demandèrent s'ils n'étaient pas des Albigeois, et eux de dire oui, sans savoir ce que c'était C'est grand hasard s'ils ne furent pas brûlés pour commencer.

Pacifique était à Assise au lit de mort de

François. Mais il revint en France, ou du moins dans les Flandres, puisque son tombeau se voyait au grand couvent de Lens. Les guerres qui désolèrent ces malheureuses provinces, de Charles-Quint à Louis XIV (sans parler de la dernière), n'en ont laissé que le souvenir. Molanus nous a conservé l'épitaphe du premier Provincial de France. Mais les P.P. Martène et Durand nous rapportent une tradition différente. Les savants religieux, étant venus à Vézelay, y trouvent un couvent fort petit qui est, disent-ils, le premier couvent des Cordeliers en France. Devant l'autel gisait la tombe de Pacifique. Pacifique avait-il reçu deux sépultures? Deux des maisons qu'il avait fondées s'étaient-elles partagé ses reliques? La chose est fort possible et n'a rien pour surprendre, selon les idées du moyen âge. Mais le premier couvent des franciscains de France, voilà qui vaut la peine d'être vérifié sur place : je veux voir de mes yeux la tombe du Roi des vers.

Au printemps dernier, par un magnifique ciel d'orage, je suis retourné à Vézelay. Au sommet de la vieille colline du Scorpion, qui domine la vallée de la Cure, devant ces horizons immenses du Morvan, ces successions de longues houles, cette fuite de plateaux calcaires qui ont des airs de dolmens et de tables sacrées, voilà bien la noble silhouette qui bénit le paysage, avec son air de Montsalvat. Voici la basilique colossale, digne de cette abbaye qui contint jusqu'à huit cents moines, le prodigieux narthex avec sa Pentecôte de pierre, ses mystérieuses Panathénées, son fabuleux Zodiaque déployant l'éventail des nations étranges, les Cynocéphales à têtes de chiens comme des Anubis, les Monopodes qui font la roue sur les mains et leur pied unique et dépassent à la course les chevaux les plus vites, le peuple ridicule des Pygmées, et les Cimmériens nébuleux et les noirs fils de Cham, aux oreilles larges comme des vans : assemblée merveilleuse de toute la famille d'Adam promise à la parole des apôtres de l'Evangile. La porte s'ouvre, et la nef immortelle apparaît, spacieuse et un peu magique, inondée de lumière, ses souples arceaux semblables à une voûte de palmes, avec ses claveaux blancs et roses et cette couleur d'Orient, son enchantement d'Alcazar, son charme de là-bas où flotte quelque chose comme un air des croisades et le parfum d'un coffret de santal, sentant les épices, la rose de Jéricho, la myrrhe que la Juive de Magdala répandit sur les pieds de Jésus et essuya de sa chevelure embaumée.

On sait la curieuse méprise de ce moine de Vézelay qui, voyageant en Provence vers le milieu du XIe siècle, découvrit un sarcophage dans le cloître de Saint-Maximin et se persuada, sur la foi d'un bas-relief qui montre Pilate se lavant les mains, qu'il s'agissait de sainte Madeleine et de son aiguière, et que le sarcophage contenait ses ossements. Ces restes de la pécheresse, transportés à Vézelay, attirèrent les foules dans ce coin de Bourgogne, passage de la grande route qui rejoint les bassins de la Seine et du Rhône, étape nécessaire du chemin de Paris à Rome. L'humble prieuré clunisien connut en peu de temps une fortune immense. Trois fois l'an, dans la belle saison, d'éphémères villes de pèlerins campaient sur la colline. C'était le temps où le monde chrétien ne rêvait que Terre Sainte, où on ne pensait qu'à rapprocher, à toucher l'Evangile, où cette Palestine, en proie aux mécréants, attendrissait comme une captive, où les plus humbles des fidèles soupiraient après le Sauveur, n'aspiraient qu'à baiser la poussière qui avait conservé l'empreinte de ses pas. Pise rapportait cinquante vaisseaux de la terre du Calvaire pour dormir heureuse dans le suaire de son *Campo-Santo*.

Bientôt, par-dessus les mers, allait prendre son vol la petite maison de Nazareth, la *santa casa* de Lorette. Tout était Véronique, reliques de la Croix, de la sainte Lance et de la sainte Épine. Quelle relique plus touchante que le corps de la courtisane qui avait effleuré de ses lèvres et baigné de ses larmes les pieds du Sauveur? Cette sainte, modèle de tendresse, qui pécha par amour et se purifia par amour, était chère au cœur de François. Il n'y a guère d'église franciscaine où l'on ne rencontre son histoire. Toujours, elle apparaît pleurant comme une fontaine aux pieds du Crucifix. L'église des Cordeliers de Paris portait le nom de la Madeleine. Que de raisons pour Pacifique et les premiers apôtres franciscains de s'établir à Vézelay, sur la colline de la sainte, où ils étaient sûrs de trouver le plus vaste auditoire, des pèlerins de tous les pays, qui essaimeraient à leur tour! Un tel lieu, pour leur propagande, c'était une plaque de résonance : Pacifique se montrait tacticien habile en y laissant un petit poste sur la route de Paris.

Le doyen de Vézelay, M. l'abbé Despiney, nous conduit aux ruines du couvent, qui se trouve à mi-côte, sur la route d'Asquins, à cinq minutes des remparts. Par une vieille porte écroulée, dite la porte Sainte-Croix, on débouche par un chemin creux dans la concavité d'un pré qui ressemble à la coquille qu'on ferait avec les deux mains pour recueillir une gorgée d'eau. Une de ces croix de Jérusalem auxquelles on fait, le Vendredi saint, toucher le Saint-Sépulcre, se dresse au milieu de la prairie : c'est là que saint Bernard prêcha, dit-on, à cent mille hommes. Ce cirque est, en effet, un porte-voix, une espèce de haut-parleur qui semble porter les ondes sonores jusqu'au fond de l'amphithéâtre des collines, sorte de Colisée naturel fait pour les assises de la chrétienté. Une parole prononcée là devait retentir dans toute l'Europe. Ce lieu était un point de sensibilité, un des centres nerveux du monde. Aujourd'hui, nulle voix n'éveille les échos de cette solitude. Quels cris sordides, quels coassements de coulissiers et de publicains ont remplacé dans nos âmes la grande voix de sainteté qui ne soulève plus ce silence?

Une étable en pleins champs, quelques murs de hangar en guenilles, au milieu d'un enclos croulant, d'un bouquet de noisetiers, d'orties, de troènes, de guimauves, d'herbes folles, voilà tout ce qui reste aujourd'hui de l'*ex-voto* de la croisade et du couvent de frère Pacifique. On entre dans une remise à outils de paysan : un joli bas-relief du xve siècle, représentant saint Louis de Toulouse et saint Antoine de Padoue, vous adresse dans l'ombre le sourire de ses figures mutilées; on distingue, dans un tronçon qui subsiste de la chapelle, des arcatures murées de fenêtres romanes; à côté, un obscur réduit montre dans une encoignure l'amorce d'un délicat faisceau de colonnettes. Tout cela dépérit pêle-mêle, à l'abandon, jouet des saisons et de la plante sauvage. Au xvie siècle, les huguenots décapitèrent les statues, enterrèrent les moines jusqu'au cou et jouèrent aux boules en leur lançant à la tête d'autres têtes coupées. La Révolution consomma la ruine. L'épitaphe du Roi des vers sert de banc de jardin chez le notaire d'Asquins. M. Despiney cherche cependant à ranimer ce lieu profané. Tous les ans, le dimanche des Rogations, une procession descend de la ville à Sainte-Croix de la Cordelle : seule piété qui convienne ici, avec le voile des ronces qui tissent leur suaire sur les injures des hommes.

Je ne veux pas quitter la Cordelle (c'est le nom que l'on donne à ce couvent dans le pays) sans y évoquer une autre image. En 1247, un franciscain de Parme, l'aimable Frà Salimbene, se trouvant au couvent d'Auxerre, vit saint Louis qui allait, à petites journées, à travers la Bourgogne, rejoindre son armée à Aigues-Mortes. Il nous peint le bon roi « mince, délicat, avec sa longue taille élégante, le visage gracieux et son sourire d'ange », portant l'habit de pèlerin, « la bourse et le bourdon au col, digne ornement de ses épaules royales ». Le roi fit servir au couvent de Sens un « maigre » dont l'Italien se souvient trente ans après avec attendrissement, surtout un riz au lait d'amandes et une certaine matelote accompagnée d'une sauce des dieux, le tout royalement arrosé de chablis.

De Sens, le Roi et ses frères se rendent à Vézelay : le lendemain matin, qui était un dimanche, le roi se leva dès l'aube et descendit à la Cordelle; il ne garda que ses trois frères et quelques écuyers pour tenir les chevaux, et renvoya le reste de l'escorte au village. Quand il eut achevé ses oraisons, les moines s'apprêtaient à regagner leurs stalles : mais le voilà qui s'assied à terre dans la poussière (l'église n'était pas dallée), disant : « Çà, mes petits frères bien-aimés, approchez, et oyez à ce que j'ai à vous dire. » Alors, poursuit Salimbene, nous voici tous assis en rond autour de lui, les princes comme les autres; et il se met doucement à nous recommander son âme et à nous demander nos prières. Il allait se remettre en route, quand on lui dit que son frère d'Anjou priait toujours dans la chapelle; et le roi patienta humblement à la porte, attendant que son frère eût fait ses dévotions. Le bon roi assis à terre au milieu d'un cercle de moinillons, n'est-ce pas un tableau digne des *Fioretti?* La page de la Cordelle vaut celle de Pérouse.

La Cordelle! le cordon de saint François! les parfums de Madeleine et l'ombre de la croix de Jérusalem! La colline de saint Bernard et de Girard de Roussillon, de frère Pacifique et de saint Louis, quelle gerbe de souvenirs dans ce lieu ignoré! J'ai tenté de lier cette gerbe française à la gloire de saint François. Où fut-il aimé comme chez nous? Aux grands Jugements derniers de Bourges et d'Amiens, c'est une robe franciscaine qui marche en tête des élus : saint François a jeté sa corde autour du monde et ramène sa foule heureuse de prisonniers à la porte du Paradis...

L'orage qui menaçait a éclaté, tandis que nous furetions dans l'église. Au moment où je quitte Vézelay, toute blanche, sur un ciel noir, un arc-en-ciel inouï, presque fixe comme une chose solide, jaillit du pied de la colline et développe son arche immense au-dessus de la vallée. Ses couleurs déploient dans l'air trouble leurs teintes d'oriflamme. Pourquoi nous émeut-il, ce grand pont dans la nue? Pourquoi le beau météore éveille-t-il, malgré nous, de vagues pensées de signes et de présences célestes? Dans ce paysage désormais vide, où a battu jadis la conscience chrétienne, que veut dire l'inutile présage? Qui retrouvera le secret des moines, le geste de croisade, le miracle d'enthousiasme et de fraternité qui liait si aisément les cœurs par la cordelle de saint François?

CHAPITRE VII

LE TOMBEAU DE SAINT FRANÇOIS

J'ai voulu revoir, à Sainte-Marie des Anges, les deux humbles édicules enveloppés sous la coupole de Galeazzo Alessi : la chambrette où François est mort et la vénérable chapelle de la Portioncule, si petite, toujours ténébreuse, avec ses cordons de lampes qui allument vaguement l'or du tableau d'autel, ses deux portes toujours ouvertes, par où une vieille pauvresse entre et ressort incessamment en égrenant son rosaire pour gagner l'Indulgence, et ces murs extérieurs usés par tant de baisers, de suppliantes caresses, que leurs vieilles pierres rugueuses ont fini par prendre le poli et comme une apparente moiteur de peau humaine.

J'ai revu le reste du couvent, les belles sacristies aux boiseries somptueuses du XVIIᵉ siècle, les trésors du vestiaire et des chapes brodées, les antiphonaires, les monstrances et les orfèvreries, ce luxe ecclésiastique toujours si émouvant, parce qu'il immobilise des richesses pour les consacrer à Dieu, et qu'il prend une forme visible de ciselures et de prières, de prières d'or et d'argent ; j'ai revu ce faste de la terre jeté aux pieds du Petit Pauvre, et le trésor de tous ces trésors, l'étroit jardin du miracle des roses, le petit plant de rosiers où François se jeta une nuit pour déchirer sa chair et qui, depuis ce temps, poussent des fleurs sans épines, aux feuilles tachées d'une rouille de sang. Quand je ressors dans l'immense et pompeux édifice, un peu glacial à l'ordinaire, et qui ne doit prendre sa vraie figure qu'aux jours de grandes foules et de pèlerinages, la petite vieille est toujours là, passant et repassant par les deux portes de la Portioncule, avec une régularité d'automate d'horloge, pour gagner l'Indulgence *toties, quoties*... Combien d'âmes du Purgatoire aura-t-elle sauvées dans sa matinée? Qu'elle se dépêche, la pauvre vieille : qui ira plus vite, des pécheurs qui se damnent par le monde, ou de cette mendiante qui défait leur ouvrage à mesure, humble Pénelope qui dénoue les filets du péché?

Avant de quitter Assise, dernière visite à la basilique en compagnie du P. Fosco et de mon nouvel ami M. l'ingénieur Sagui. Oserai-je dire qu'aujourd'hui ce monument célèbre, ce vaste écrin ruisselant de peintures, enluminé comme un missel, avec son monde de fresques qui font les délices des *misses* éprises de Ruskin, me touche beaucoup moins qu'autrefois? Les fameuses scènes de la vie de saint François par Giotto m'ennuient, sauf quelques-unes qui ne sont pas de lui (1). Tout cela m'est gâté par des générations de snobs, par tous les Verdurin et les Swann de la terre. Je conviens que Giotto est un homme de génie, et qu'il a brisé une foule de formules et de conventions. Reste à savoir si ces formules n'étaient pas supérieures : elles étaient le suprême héritage de la Grèce. Ce grand homme est

(1) Voilà que l'on veut maintenant que ces fresques ne soient plus du tout de Giotto, mais d'un peintre Ombrien inconnu. Giotto n'aurait fait que la mosaïque de Saint-Pierre à Rome, les fresques de Padoue et celles de Sainte-Croix de Florence ; il ne serait jamais venu à Assise. Voyez le *Giotto* de M. F. Rintelen, Bâle, 1923.

le premier qui ait tenté de faire concurrence à la vie ; il n'y réussit que trop bien. Il est le premier des modernes. Il a fait à l'art le cadeau du naturalisme ; il n'est pas sûr que ce cadeau soit un présent des dieux.

En vérité, dans cette grande église *di sopra*, je n'aime plus guère que la lumière, la forme calme et spacieuse, l'aspect tranquille de nef semi-bourguignonne et semi-angevine, ce gothique simplifié, décanté comme une phrase du Nord dans une bouche du Midi, et quelques fresques presque invisibles d'un ton tané de feuille morte, qui déploient vaguement autour du chœur des scènes de la vie de la Vierge, des apôtres et de saint Michel.

Au contraire, je me sens à l'aise dans l'église basse. Par ces jours pluvieux et avares de lumière, ses ténèbres sont riches de songes et d'incertaines peintures qu'on ne distingue pas : dans ce long cylindre écrasé, voûté des larges croisées d'ogives du Languedoc, où le jour n'entre que de côté par la porte située sur un axe transversal, et se perd bientôt, hésite, circule à tâtons dans la nuit des chapelles qui ont poussé un peu partout sur les flancs de cet édifice vingt fois remanié, il est doux de se recueillir, d'attendre le moment où la vision se forme dans l'ombre devenue familière. Qu'on sait de gré aux œuvres qui ne se révèlent pas d'un seul coup et qui laissent quelque chose à faire à l'imagination.

Les grandes allégories des Vertus franciscaines, ces machines compliquées avec leur symbolisme de *Roman de la Rose*, m'ont toujours paru assez froides ; cela sent son pédant d'une lieue. Du reste, il est si aisé de ne point s'occuper de ce savant rébus ! Je sais dans l'ombre de ces voûtes des formes et des choses qui ne veulent rien dire et se contentent d'être touchantes : c'est une demi-figure de sainte aux yeux mi-clos, avec un air lointain de nonne et de princesse, d'un raffinement presque japonais, dans son gris de violette de Parme presque blanche, comme certaines figures de femmes d'Outamaro, avec sa bouche de myosotis dans ses longues joues de nacre, une perle, une péri du Ciel, et dont on ne sait même pas le nom, Claire ou Elisabeth ou peut-être sainte Delphine de Sabran; — c'est une Vierge sur un fond de vieille laque d'or, un profil penché, incroyable de tendresse et de mélancolie, collant son grand œil fixe sur le bel enfant joyeux condamné à mourir; — ce sont des tribunes de chanteurs, avec leurs riches tapis de marbres des Cosmates et qui, même muettes, débordent de concerts et de voix imaginaires; — c'est enfin, sous une de ces tribunes, cachée dans le coin le plus secret et le plus sombre de l'église, une stèle de marbre rose avec deux lignes discrètes tracées d'une belle onciale et que termine une fleur : la tombe de l'amie romaine de François, celle qui le reçut si souvent, non loin de Sainte-Cécile, dans sa demeure de San Francesco a Ripa, et qui accourut aux moments suprêmes pour recueillir le dernier soupir du Petit Pauvre, Jacoba de Settesoli, Jacqueline, — « frère Jacqueline »...

Ici, je retrouve mon saint François, je suis au centre de son cœur. De nouveau, je rassemble les éléments de son univers. Voici le magnifique tombeau de la reine de Chypre, tombeau superbe à deux étages où l'on voit la morte qui sommeille en bas, dans l'ombre, entre les anges, sur un lit de parade, et au-dessus la même dame reçue en souveraine par la Dame du ciel, ressuscitée cette fois, couronne en tête, trônant sur le lion du désert. Grandiose image des croisades! Cette amazone assise sur sa farouche monture, sur l'énorme animal rugissant, et traitant de plain-pied, entrant de plein droit au ciel comme

dans une ville conquise, rien ne me peint mieux le
roman de cet âge, ces hommes de Tyr, de Rhodes et
de Ptolémaïs, et l'orgueil héroïque de ces barons
de Jérusalem, la noblesse des Lusignan, des Tancrède
et des Bohémond. J'ajoute que cette reine, saint François la connaissait bien : il avait dû l'apercevoir dans
son voyage de Syrie. C'est elle qui apporta, pour
l'œuvre de la basilique, un vase de porphyre plein
d'or que frère Léon brisa dans une sainte colère (on
le voit encore fracturé sur une tombe voisine). C'était
Yolande, fille de ce Jean de Brienne qui, à quatre-
vingts ans, gagnait encore des batailles, née à Saint-
Jean-d'Acre, héritière de la couronne de Jérusalem,
mariée à l'Empereur et morte à dix-huit ans...

Voici encore les blanches fresques de la chapelle
de Sainte-Madeleine, et toute la légende de la sainte
populaire, depuis le repas chez Lévi jusqu'au *Noli
me tangere* et au débarquement des saintes à Mar-
seille, avec le miracle de la naufragée qui, par la
vertu de la sœur de Lazare, accoucha au milieu des
vagues comme Latone sur la flottante Délos. Mais de
toute la basilique, l'endroit où je retrouve le mieux
François, c'est la chapelle peinte par l'ami de
Pétrarque et de Laure, le siennois Simone de Mar-
tino, la chapelle de Saint-Martin. Je laisse de côté
les charmantes figures franciscaines qui décorent
l'arc au-dessus de l'entrée, les deux saints Louis (le
roi et l'évêque), et les aimables saintes, Madeleine
(toujours), Catherine, Claire, Elisabeth. Je ne veux
voir aujourd'hui que l'histoire de l'évêque de
Tours, telle que la déploie, en fresques d'un ton
soyeux, le plus délicieux des maîtres du moyen âge :
encore une histoire de saint militaire, de soldat généreux (et quasi une histoire française : la scène est à
Amiens), histoire mêlée de pauvres et d'apparitions
célestes, où Jésus se montre drapé dans le manteau

du catéchumène charitable, en disant à ses anges :
« Voyez ce que m'a donné Martin ! » François en rêva
plus d'une fois. Marcel Proust est ravi d'une phrase
d'Emile Mâle : « La charité qui donne son manteau
est du pays de saint Vincent de Paul ; la charité qui
tend à Dieu son cœur enflammé est du pays de saint
François d'Assise. » Son manteau ! Saint François l'a
donné toute sa vie : pas moyen de lui faire conserver
une tunique. Il eût donné sa chemise, s'il avait eu
une chemise. Il n'y a pas deux charités. Jésus lui-
même l'assure : celle que l'on fait au pauvre est la
même qu'on fait à Dieu. Personne moins que saint
François n'eût jugé trop humaine la charité de saint
Martin.

Mais le charme de ces fresques, c'est leur allure
juvénile et leur air raffiné de roman de chevalerie :
la scène du songe, le jeune homme endormi sous sa
courtepointe à damier blanc et rose, le Christ, prince
du ciel, au milieu de ses anges ravissants comme des
pages, tout cela respire la *cortesia* dont raffolait
François ; c'est une scène de Lancelot, du jeune
Perceval. A côté, le héros est armé chevalier : dans
la tente de l'Empereur, un écuyer à genoux lui chausse
les éperons ; il reçoit ce sacrement des preux, cette
ordination militaire dont le jeune Bernardone était
hanté sans cesse tout en aunant du drap dans la boutique de son père. Et voyez, dans un coin de la salle,
ces jongleurs, ces joueurs de viole, de tambourin et de
double flûte, cette musique galante qui accompagne
la fête, n'est-ce pas la jeunesse elle-même de François
que l'artiste nous peint toute vive, au temps de ses
folies, lorsqu'il ne pensait qu'aux aubades et aux
caroles des troubadours ?

Plus loin, le chevalier quitte l'armée et part tout
seul, à l'aventure : il quitte l'armée, parce qu'il se
croise ; il prend congé de l'Empereur, pour être le

paladin de Dieu... Est-ce la vie de saint Martin?
Est-ce celle de saint François d'Assise? On pourrait
hésiter : et si les faits n'y répondent pas, si ce
n'est pas une biographie réaliste comme celle de
Giotto, du moins c'est l'esprit de François, la vraie
nuance de son cœur, l'atmosphère de roman et de
songe chevaleresque. Ici seulement dans Assise je
trouve le portrait de son âme, l'image de son adolescence, cet élan de grâce et d'amour qui le poussa sur
les routes du monde pour *exaussier crestienté*,
comme Amis, comme Vivien, comme Ivon et Ivoire
et le comte Roland et tant de héros merveilleux de
nos chansons de geste.

DEUXIÈME PARTIE

LES NIDS DANS LA MURAILLE

CHAPITRE PREMIER

LA MUSIQUE DES ANGES

On voit à Pise une fresque célèbre. Un maître inconnu y retrace dans un style rude et populaire les vies des Pères du désert. C'est une paroi caverneuse, un Liban de rocs et de crevasses où se déroule l'antique épopée des ascètes. Des figures incultes, vêtues de poil de chèvre ou ceintes de paillassons, habitent cette nature pétrée. Ce sont les colombes du Cantique nichées aux trous de la muraille. Là se retirent les fameux athlètes de la solitude ; les aigles et les corbeaux les servent et les lions les ensevelissent en grattant le sable de leurs ongles. Zozime communie dans sa grotte Marie l'Egyptienne, tandis qu'Hilarion sur son âne chevauche à la rencontre du dragon d'Epidaure. Paphnuce s'abîme avec Onuphre en colloques sublimes, cependant que les frères tressent des corbeilles de roseaux et conduisent des panthères et des girafes domestiques, chargées de bois ou de barils comme des bêtes de somme. Des étrangères vêtues comme des pèlerins, et que dénonce le pied de poule qui passe sous leur robe, frappent à la porte des solitaires. Par les macérations, les exorcismes, les miracles, ceux-ci repoussent l'Ennemi. La montagne sainte frémit de ce duel mystérieux et admire en silence les travaux des anachorètes.

Je viens de vivre des jours rapides dans la montagne divine. J'ai passé quelques heures dans la Thébaïde franciscaine. Cette vallée de Rieti, bien plus étroite que celle d'Assise, cette auge de pierre suspendue aux flancs de la Sabine, n'est tout entière qu'un reliquaire franciscain, avec ses ermitages accrochés comme des ex-votos, deux à l'ouest, Greccio et Fonte-Colombo, deux à l'est, la Foresta et Poggio-Bustone, on dirait un vaisseau, une châsse naturelle remplie par le souvenir du saint et de ses miracles. C'est le sanctuaire par excellence du pèlerin de saint François. On est ici dans un petit monde fermé, défendu par de hautes murailles; les tumultes du dehors ne franchissent pas cette barrière. Ce n'est déjà plus l'Ombrie, c'est le profond Latium. Le fond de la vallée aux temps anciens était un lac formé par le Velino qui, un peu plus au nord, tombe dans la Nera au saut célèbre de Terni : brusque dislocation, gradin de 180 mètres qui mesure la différence des niveaux, la chute qu'il faut faire pour se retrouver dans la prose. Ici, nous sommes dans le bassin supérieur, dans de la poésie intacte. Là-bas, à deux heures d'auto, c'est Rome avec sa vie nocturne, ses théâtres, ses palaces, sa vie cosmopolite; ici, la montagne sainte et ses antiques villages et ses mœurs éternelles et ses petits sanctuaires.

Il faut imaginer François comme un chevalier errant (et comme le fameux hidalgo de la Manche) toujours en doute s'il doit imiter ses modèles dans leurs prouesses ou leurs pénitences et dans leurs aventures plutôt que dans leurs retraites et leur vie de soupirs : « Serai-je Roland ou le Beau-Ténébreux? » En d'autres termes, que choisir de la vie agissante ou de la vie parfaite? Toute l'histoire du Pauvre d'Assise se meut entre ces deux pôles qui sont, à vrai dire, les deux pôles de la vie spirituelle. Toujours la sainteté balance entre les sœurs de Lazare, entre Marthe la servante et Marie la pensive. Aux premiers pas de la carrière, le biographe nous montre François, revenant de Rome avec les siens et passant quinze jours dans un désert aux environs d'Orte : endroit sauvage, dit Celano, et presque de nul passage; les nouveaux chevaliers se grisent de leur liberté.

C'était l'été : ils vivaient de rien, sans doute dans les vieux sépulcres qui parsèment encore la colline de cette nécropole étrusque. Ils manquaient de tout et ne faisaient que rire de leur misère : c'était l'épithalame, la lune de miel de la Pauvreté. Ils délibérèrent gravement s'ils ne passeraient pas là toute leur existence, ou s'ils retourneraient auprès des villes, parmi les hommes. Ils se trouvaient comme à l'embranchement de deux routes : le désert les appelait de ses béatitudes. Finalement, le principe actif du caractère de François l'emporta; il aimait trop les hommes pour pouvoir se passer d'eux. Il fit réflexion qu'il n'avait pas le droit de vivre pour lui seul. Raisonnement singulier, car enfin, aux yeux de la foi, la vie du reclus est de même poids que celle de l'apôtre. Elle a autant de puissance, selon la dynamique divine. Le fait est que François avait besoin du combat; il lui fallait la lutte, la parole, l'action, ce contact de l'homme qui est le premier instinct du meneur d'hommes. Ses conclusions, comme il arrive, ne faisaient que constater la loi de son tempérament : c'est son être intérieur dont il prend la réponse pour une expression de la volonté divine. Fort de cet oracle, il se décide, et les frères rentrèrent dans le val de Spolète.

Mais plus d'une fois la tentation le reprit de savoir s'il ne ferait pas mieux de revenir au désert. Plus d'une fois sans doute ses triomphes l'effrayèrent;

il dut avoir scrupule de ses succès de larmes, s'inquiéter de l'amour qu'il soulevait sur ses pas. Il est bien difficile à ces charmeurs de foules d'échapper à une pointe subtile d'amour-propre, de regarder sans complaisance l'effet de leur parole. L'ouvrier de Dieu est tenté de s'applaudir lui-même. Il n'est pas sûr que ces grandes carrières d'enchanteurs puissent aller sans un peu de péché. Ce doute ne put manquer de troubler le Petit Pauvre. Son œuvre réussissait trop : il était impossible de n'en pas éprouver un peu de vaine gloire. J'en vois la preuve justement dans sa fureur d'humiliations, dans sa manie de se rabaisser, d'une manière quelquefois gênante, jusqu'à se faire injurier, marcher sur le corps par ses frères. Ces excès ne s'expliquent que s'ils servent d'antidote à des mouvements d'orgueil. Mais le vrai remède, n'était-ce pas de fuir, d'abdiquer, de laisser faire à d'autres? N'était-ce pas de se retirer de son œuvre, pour bien montrer qu'il n'était rien que Dieu n'avait que faire de son inutile serviteur?

Ce scrupule dut le tourmenter d'assez bonne heure. Le diable essayait de l' « avoir » par l'humilité, puisqu'il ne pouvait par l'orgueil. Les *Fioretti* racontent que dans un de ces doutes, François eut recours à Claire. Elle répondit qu'il n'avait qu'à persévérer sans s'inquiéter de rien : tant pis pour lui, le salut des âmes avant tout! Légendaire ou non, je crois ce trait d'une vérité profonde. Souvent les lumières de la femme savent dissiper les troubles, les craintes de la route. Le bon sens féminin, l'intuition, le cœur voit clair où l'homme hésite et s'embarrasserait de monstres et de chimères. Même dans les vies de saints, la femme joue son rôle, ne fût-ce que celui de la sœur ou de la mère : c'est à deux que la nature trouve son équilibre, et souvent, dans le couple, c'est le plus faible qui est l'homme.

François se trouva ainsi remis par Claire sur le droit chemin. Mais il ne laissa pas de subir toujours, par intervalles, l'attrait de la solitude. Au milieu de son apostolat, de sa vie vagabonde, de ses harassantes campagnes de prédications (parfois le même jour dans quatre ou cinq villages), souvent il dut sentir le besoin d'une halte, d'un repos, le besoin de souffler, de vaquer à lui-même. L'infatigable voyageur au milieu de ses courses devait se ménager des stations de silence. Il fallait échapper au public, se remettre en présence des choses éternelles. Cette alternance d'action et de contemplation devient bientôt une hygiène, un rythme de sa vie : elle en règle la respiration. C'est un bain de solitude, une cure où il s'alimente et refait ses réserves. On ne peut pas se donner longtemps impunément ; la foule aurait bientôt fait de vous tarir. Pour que la pluie arrose la plaine, il faut que le nuage s'amasse sur les hauteurs.

Tout le long de la vie de François, on trouve donc de ces ermitages, de ces retraites où il s'échappait et faisait oraison. A quelque distance de la route, se voit encore ce chapelet de cachettes où il aimait à se retirer et dont la piété franciscaine a fait des sanctuaires. Presque tous sont perchés là-haut dans l'Apennin ; on pourrait aller de l'un à l'autre sans redescendre dans la vallée, de sorte que la vie de François se trouve, pour ainsi dire, écrite sur deux lignes : en bas, c'est l'accompagnement, la basse continue qui donne à la page sa puissance, sa prise sur les cœurs ; mais la ligne d'en haut, c'est la mélodie, c'est le chant, c'est l'alouette dans les nuages et la vie Séraphique.

A mesure que se multiplient les épreuves, les besoins de retraite deviennent plus fréquents. Les dernières années se passent sur les sommets. Il aimait, comme dit le Psalmiste, à se nicher aux creux de la roche, aux crevasses de la muraille, *in caverna maceriae habitatio ejus* Même dans l'existence quotidienne, il savait se ménager un désert en lui-même « Le corps, dit-il est la cellule; l'âme, le solitaire qui l'habite. » Partout, en voyage, au couvent, dans la presse, il trouvait l'isolement : assis dans quelque coin obscur, le coude replié sur le genou, il se cache le visage sous sa manche et, à l'instant, le voilà hors du monde

Du reste, pourquoi Rieti? Rien de plus simple. Il suffit de jeter les yeux sur la carte pour voir que d'Assise il n'y a que deux routes qui mènent à Rome : l'une par Orte (c'est celle qu'emprunte le chemin de fer) l'autre par Rieti et Tivoli, à travers la Sabine, et cette dernière est la plus courte (et, ce qui compte pour François de beaucoup la plus belle). C'est le tracé de l'antique *Via Salaria* qui, de Rome, gagne Ancône et Rimini Chaque fois que François se rendait à Rome ou en revenait, il y avait une chance pour qu'il passât par Rieti Une nouvelle raison se chargea de multiplier ces chances. Rome était en pleine anarchie. Le Saint Père, depuis deux cents ans, n'y vivait plus tranquille; jamais il n'était sûr de mourir dans son lit. Les Romains, race factieuse et brutale, *seditiosum hominum genus et ferox*, dit Celano, à tout moment menaçaient le pape dans son Latran. A tout moment, le pape fuyait, se jetait aux places fortes de Viterbe ou d'Orvieto. Mais bientôt la voie Salaria, qui coupe à travers les montagnes, parut offrir la ligne de retraite la plus sûre Une fois à Rieti, le pontife respirait Les couloirs qui y conduisent sont faciles à défendre; en cas de malheur il reste une issue par le Nord Ces avantages firent que les papes, au temps de saint François, vinrent plus d'une fois à Rieti. Honorius III y séjourna presque deux années

entières, entre 1224 et 1226. C'est aussi le temps où
François y demeura presque continuellement; il ne
quitta plus guère la ville que pour mourir.

Aujourd'hui, la petite Avignon des papes du
XIIIe siècle n'est qu'un chef-lieu de canton assez déchu
de sa gloire et qui ne tire qu'une satisfaction plato-
nique du fait d'être le milieu géométrique, le « cœur »
de l'Italie :

Est locus Italiae medio sub montibus altis (1),

écrit Virgile qui, lui aussi, est un guide d'Italie, un
touriste, comme Péguy disait si drôlement de Dante
C'était le point où se rencontraient le Nord et le Midi
l'endroit rêvé par tous les protocoles de mariages
impériaux : ici furent célébrées les noces d'Henri de
Souabe et de Constance de Sicile, ici Charles d'Anjou
fut couronné par le pape Nicolas IV Bien entendu,
le cœur de l'Italie conserve peu de chose de son
ancienne importance. Et pourtant, ne vous y fiez pas !
Je me souviendrai longtemps de mon entrée à Rieti
Par une nuit de déluge, sur la place de la gare une
ridicule charrette attelée d'un rat d'ânon attendait,
noyée de détresse, le problématique voyageur ; je
m'y juchai sous la bâche ruisselante auprès du
facchino et le rat mélancolique s'enfonça dans la
nuit. Je m'aperçus bientôt que cette ville sournoise
me jouait le tour d'être pleine comme un œuf C'était
veille de foire, tous les lits étaient pris d'assaut. La
Croix-Blanche était comble, l'*Hôtel du Commerce*
regorgeait, les auberges et jusqu'aux plus modestes
locande refusaient du monde Tous les Gaudissart
du royaume s'étaient donc donné rendez-vous ce soir

(1) Virgile., *Æn.*, VII, 563.

à Rieti ! Je pensai payer cher pour apprendre qu'il est imprudent d'entrer sans s'annoncer au cœur de l'Italie.

La ville occupe une situation charmante qui rappelle un peu celle du Peyrou de Montpellier, une plate-forme au centre d'un paysage ; seulement ici le paysage est concave : une ceinture de montagnes, de prodigieuses arènes de Nîmes. La cathédrale a une vieille crypte et un porche pittoresque, une *Madone* exquise d'Antoniazzo Romano et une délicieuse chapelle décorée par Bernin. Un degré délabré, fait pour les litières et les mules, monte au portique de l'évêché, le long duquel une rue sombre s'enfonce sous une arche. Aucun de ces éléments n'est bien rare : seul, l'amalgame leur prête ce caractère d'imprévu, ce charme italien qu'on n'oublie pas.

On montre en ville la maison de saint François et beaucoup d'autres souvenirs. Ils sont du xive siècle. En quinze ans, de 1201 à 1217, Rieti a brûlé trois fois. C'est alors qu'elle reçut par miracle le corps de sainte Barbe, patronne de la nouvelle cathédrale, dont la dédicace eut lieu en 1225, par le pape Honorius III, en présence de saint François. Jamais sainte ne tomba du ciel plus à propos. Des gens étonnés, par exemple, ce furent ceux de Torcello, qui se croyaient depuis des siècles possesseurs des reliques de la vierge de Nicomédie. La sainte défendit, il est vrai, sa nouvelle patrie du feu, mais non pas du tremblement de terre de 1298, où la ville s'abîma une quatrième fois, si bien que Boniface VIII, que les ruines ne trouvaient nullement intrépide, couchait en plein hiver au beau milieu du cloître des Frères-Prêcheurs. Si quelque reste du temps de saint François a échappé, il faut croire que c'est par prodige.

Mais le patriotisme des Réatins est touchant. Nous lui devons un petit écrit anonyme du xive siècle, qu'a publié M. le professeur Pennacchi, *Saint François dans la Vallée de Rieti* (1). C'est un Joanne anecdotique, un recueil des *Mirabilia* dévots de la contrée. On voit que dès ce temps-là le pays était un objet de pèlerinages franciscains. Le pape Nicolas IV, le premier pape cordelier, fit pieds nus, dès le XIII⁰ siècle, le voyage que je vais faire. L'anonyme recueille avec un soin pieux toutes les traditions éparses chez les biographes sur les séjours du saint à Rieti. Sa chronologie n'est pas sûre; il lui arrive de brouiller les papes. Il sait pourtant que sa petite ville est la patrie de deux Césars, Vespasien et Titus: ces grandes ombres hantent encore l'imagination latine :

> *Poscia Vespasian col figlio vidi,*
> *Il buono, il bello e non già il bello e rio* (2)

Mais la gloire de Rieti, c'est d'avoir été honorée à différentes reprises par la demeure de saint François. C'est là que, dans sa première mission, au printemps de 1209, il opéra une de ses captures les plus célèbres. Aux portes de la ville, il rencontra un cavalier : « Messire Ange, lui dit-il comme s'il l'attendait, assez longtemps vous avez porté l'épée, le baudrier et les éperons militaires : il vous faut à présent pour ceinture une corde, pour épée une croix, pour éperons chausser la boue et la poussière. Venez avec moi, beau sire, je vous adouberai vrai chevalier du Christ. » A ce discours, le cavalier saute à terre et suit sur-le-champ son étrange interlocuteur. C'était

(1) *Actus sancti Francisci in valle Reatina*, in-12, Foligno, 1911

(2) « Je vis ensuite Vespasien escorté de son fils, le Bien et le Beau, cette fois, et non plus un beau monstre, » Pétrarque, *Trionfo della Fama*.

Ange de Rieti, le septième compagnon de François, mais le premier gentilhomme qui ait été des siens, et c'est ce qui donnait à cette prise, aux yeux de saint François, une importance particulière. Avec ses idées chevaleresques, une telle recrue avait une signification immense : elle relevait prodigieusement la nouvelle fraternité. Ce soldat fut toujours un de ses préférés : c'est le Bayard, le Tancrède de l'ordre franciscain. Comme François chérit frère Léon, la *pécore*, la petite bête à bon Dieu, à cause de sa simplicité, il aimait en frère Ange la vertu de courtoisie. Il le prend avec lui au voyage de Rome et aux voyages de l'Alverne. Le courtois chevalier suit son maître jusqu'au bout et il est enterré près de lui dans la basilique d'Assise, comme le lion que les vieux sculpteurs représentent sur les tombeaux, aux pieds des paladins.

L'anonyme raconte de bonnes histoires sur le curé de La Foresta chez qui François s'était retiré après le miracle de l'Alverne et qui se désespérait de voir sa vigne pillée par les curieux. On ne l'y prendrait plus, à héberger un saint ! Il lui en coûtait, le malheureux ! sa récolte de l'année. Tout s'arrangea par un miracle et le curé se réconcilia avec la sainteté. Un autre dont l'affaire se termina plus mal, ce fut un prêtre de la ville, le paillard Gédéon, lequel, devenu impotent, suppliait François de le guérir. Au moment de la cure, on entendit les os craquer comme du bois sec. Le misérable profita de la santé pour forniquer et périt écrasé sous les ruines de sa maison.

Je ne sais pourquoi l'auteur qui nous raconte ces histoires a omis la plus belle. Le récit s'en trouve dans Celano et c'est bien un des traits les plus charmants de saint François. C'était au début de son dernier séjour, lorsque, bien malgré lui, il logeait chez le Pape, qui habitait à l'évêché. Perclus, malade du foie, de l'estomac, de la rate, incapable de supporter presque aucune nourriture, il endurait encore par surcroît le martyre d'une cruelle ophtalmie rapportée de Syrie. Dans cet état pitoyable, il avait cédé à regret aux prières de son ami le cardinal Ugolin, et consenti à venir se mettre à Rieti entre les mains des praticiens.

Une nuit qu'il ne pouvait dormir, il appela un de ses frères qui avait été dans le monde un habile joueur de cithare. « Frère, lui dit-il, les enfants du siècle n'entendent rien aux volontés divines. Les violons sont faits pour la gloire de Dieu. Les musiciens sont trop portés à en faire uniquement la délectation des oreilles. Si tu pouvais, sans trop attirer l'attention, te faire prêter une guitare, tu me chanterais un beau cantique (1) et la musique apporterait à mon frère le corps qui n'en peut plus une paix dont il a grand besoin.

— Y pensez-vous? répliqua le *frater* : qu'en dirait-on? Chanter en pleine nuit dans le palais du Pape, est-ce une distraction convenable à un religieux?

— N'en parlons plus, fit François : mieux vaut se passer des plaisirs permis que de scandaliser le prochain. »

Mais la nuit suivante, comme la douleur le tenait éveillé, voici qu'il entendit une guitare invisible qui répandait un air d'une mélodie surnaturelle. Le son tantôt plus proche et tantôt plus lointain permettait de suivre les allées et venues du mystérieux chanteur. Le saint ravi croyait ouïr les concerts du ciel. Le lendemain il fait venir le frère timoré et lui raconte les merveilles de sa nuit : « Mon frère, lui dit-il,

____

(1) Ces lignes sont de la traduction de M. Jérôme Tharaud, *Monsieur France, Bergeret et frère Léon*, Champion édit.

m'a refusé sa musique, mais le Seigneur m'a envoyé la musique de ses anges. »

Rieti, bourg somnolent, bercé au flot de ses trois rivières, l'homme s'y est pourtant, un jour, approché du divin. C'est là que François dans ses souffrances éclatait quelquefois en transports d'allégresse dans le parler de son adolescence, l'idiome des troubadours. Je l'ai vu, ajoute Celano, ramasser à terre deux bouts de bois, se faire de l'un un archet, de l'autre un violon et, les promenant l'un sur l'autre, chanter des cantiques en français sur cet instrument imaginaire. Qu'importe que la maison qu'on montre dans la ville soit ou non celle qu'habita réellement saint François ? Autant chercher dans l'air la trace du vol de l'Ange. Non, cette musique que saint François se faisait à lui-même ne peut s'entendre que dans le secret, si nous fermons l'oreille aux bruits du monde et si nous la penchons sur notre être intérieur : c'est la musique des rêves, la vraie musique des anges, la musique du cœur.

CHAPITRE II

FONTE-COLOMBO

Fonte-Colombo n'est guère à plus d'une heure de marche de Rieti. La promenade est délicieuse par cette matinée éclatante, sous ce bleu rafraîchi par les derniers orages. Sous le pont de bois au rez de l'eau, la rivière étincelle avec des bonds de joie. Les jeunes flancs des montagnes ruissellent d'adolescence. On reconnaît dans ce jardin la petite Arcadie, la Tempé d'Italie. Qu'il doit faire bon au mois de mai parcourir la vieille terre fleurie de Saturne et de Rhée, le Velino et ses champs de roses, *rosea rura Velini* (1).

Pour ajouter à mon plaisir, toute la campagne est en route : procession des villages, des hameaux qui, riant au premier soleil de la saison, se rendent au marché. Je croise le défilé de tout le vieux peuple de la Sabine, qui menant son âne par la bride, qui le conduisant du bâton, qui montant en croupe derrière la charge de l'animal, d'autres enfin hissés sur cette charge elle-même, les pieds touchant à peine le cou de la bestiole qui semble disparaître sous l'imposante machine et dont on ne voit plus que les pattes délicates en train de tricoter la poudre de la route. Çà et là, une carriole qui tangue au trot d'une rosse cahote une famille tassée entre ses ridelles. La gaîté du

(1) Virgile., *Æn.*, VII, 712.

voyage, ce sont les jeunes filles : presque toutes à pied, par bandes, leur manne sur la tête, avec ces mouchoirs qu'elles ont chez Léopold Robert, et beaucoup de cotonnades, d'indiennes de couleurs vives, cerise ou bouton d'or une fête, un champ de fleurs qui marche. Un magnifique cavalier à masque rasé de Dolabella, superbe, pressé et négligent, un riche propriétaire des environs, sans doute, apparaît au-dessus de la foule des piétons et pousse au travers, au grand trot de chasse, son cheval de labour.

Au bout d'une lieue, je quitte la route. Un sentier file sous des hêtres et des groupes de chênes. Il enjambe bientôt parmi des éboulis de grès l'échine de la première colline et, derrière ce masque, la petite montagne de Fonte-Colombo apparaît. C'est une pyramide isolée, un éperon détaché d'un contrefort de l'Apennin, un de ces nids de faucon d'où les barons pillards tenaient la montagne à la gorge, brimaient, rançonnaient à leur aise. Aujourd'hui, ce n'est plus qu'un bois, une forêt d'ormes, de pins, de châtaigniers, d'yeuses, une toison de verdures qui escaladent le vieux rocher et portent là-haut, presque invisible dans toute cette fourrure, la maison de prières : on aperçoit parmi les cimes des arbres la cloche du couvent immobile dans son petit campanile en forme d'étrier. Tout cela, ce matin, est un peu ivre de lumière. Le jour drape d'ombres frisantes le manteau végétal. Le sentier s'élève en lacets le long du cône verdoyant On croirait voir ces Paradis où une vierge se tient sur chaque degré de la montagne, jusqu'à la dernière, assise en haut, et qui est la divine Sagesse.

Le touffu, le fourré, le fouillis sont toujours rares en Italie. Un déboisement impitoyable y a depuis des siècles dépouillé le pays de ses dernières forêts et la pluie, arrachant les terres, consomme l'œuvre imprudente de la hache et de la cognée. Dans ce pays qui n'a guère respecté que l'arbre utile, la vigne et l'olivier, ou l'arbre décoratif, le pin ou le cyprès, tout ce qui est taillis, ombrage, frondaison, chevelure, nuit aimable fixée au penchant du ravin, est presque neuf fois sur dix une réserve monastique. Demandez le chemin d'un des sanctuaires franciscains, on vous montrera une tache sombre, une sorte d'éponge ou de coussin de mousse sur un flanc de montagne pelée, et l'on vous nommera *il Bosco*. Parmi tant de sécheresses, c'est la note de fraîcheur. Peut-être devons-nous aux franciscains l'invention des jardins d'Italie, ou du moins les plus vieux et les plus beaux de ces jardins. Cela serait bien digne du saint qui, dans le potager de la Portioncule, réservait un coin pour les fleurs et qui, s'il fallait abattre un arbre, voulait qu'on épargnât la souche afin de lui laisser l'espoir de reverdir.

Une dernière rampe entre des buis taillés conduit au parvis du couvent. Charmante vraiment, cette esplanade, ce belvédère aérien à la hauteur des panaches des arbres, les murs du petit couvent, dans l'ombre, baignent dans une sorte de nacre mauve. La porte de l'église est ouverte : une nef sans style, toute nue avec une charpente apparente, sans un seul ornement, excepté un panneau de chêne où un frère du xviie siècle a sculpté naïvement la scène de l'Alverne. Absence d'embarras, aimable bonhomie franciscaine! On s'y éterniserait, sur ce petit parvis, dans cette ombre ensoleillée où l'atmosphère est si légère. Qui nous presse? Le *custode* tarde un peu à ouvrir; mais je connais mes *Fioretti*, je me rappelle la leçon de l'ange à frère Élie : on laisse au moins au frère portier le loisir d'un *Pater*. La tiédeur de la matinée dégage des buis et du feutre mouillé des feuilles mortes une odeur d'aromates. Tout invite à la lenteur et à la rêverie. Que me veux-tu, battement tragique, pulsation impérieuse des premières mesures de la cinquième Symphonie? De la douceur, de la douceur! La vie serait-elle cette bagarre si, au lieu d'enfoncer les portes, nous savions prendre patience et, suivant le conseil de l'ange, apprendre à *picchiare a guisa di frate?*

J'entre enfin dans un petit cloître rustique du xviiᵉ siècle, un petit cloître qui n'a que deux côtés de galerie, et deux arceaux sur chaque côté, avec son vieux puits au milieu, et cela suffit pourtant, avec du soleil et de l'ombre, pour faire, dans cette solitude, une minute d'enchantement. J'entends à l'intérieur des rires de novices qui s'amusent à clouer quelque chose au dortoir. Ah! ce n'est plus ici cette splendeur de Sasso-vivo, ce luxe bénédictin, ce chef-d'œuvre roman perdu en pleine montagne, avec ses fines arcades de marbre, ses colonnettes torses, son air de cloître du Latran suspendu au milieu des airs. Ce n'est plus cette dignité romaine, cette organisation, ce majestueux héritage des sénateurs et des patrices. La petite laure franciscaine, parfumée aux herbes sauvages, a pourtant sa noblesse aussi, l'indépendance et le sourire.

Le gardien du couvent, le R. P. Giovanni Trocli, que le portier a couru chercher de toute la vitesse de ses vieilles jambes, veut bien se faire mon guide dans les détours de sa pieuse montagne. Elle s'appelait jadis le mont Régnier, du nom de la famille qui en possédait le château; une dame de cette famille en fit cadeau à saint François. C'est celui-ci qui, charmé de l'endroit, aurait changé le nom en celui de Fonte-Colombo, la fontaine des Colombes. Mais pas de source aux environs, pas le moindre ramier dans les bois. Il faut croire que la dame s'appelait Colomba : le nom n'est pas rare au pays de sainte Colombe de

Rieti. On voit encore dans la cour du cloître un pan de mur de l'ancien château. Le couvent sert de noviciat à l'ordre dans la province.

Bien entendu, au temps de François, la bâtisse que je viens de voir n'existait pas. Il ne devait y avoir que la ruine du château et les grottes de la montagne. C'est dans ce vieux repaire que se placent sans doute les jolies scènes que l'on nous rapporte de François et de son Hippocrate : la scène sublime du cautère, et le déjeuner improvisé dont la Providence se chargea de fournir le menu.

Mais c'est au dehors que se trouvent les vestiges les plus purs des premiers jours de ce désert : un tout petit oratoire dédié à sainte Madeleine, une miniature de chapelle encore plus petite que la Portioncule, bien primitive vraiment, si elle ne date pas tout à fait du temps de saint François, avec quelques fresques pâlies qui s'effacent sur les murs. L'une d'elles représente la bienheureuse Isabelle, fille de saint Louis, avec une dizaine d'hommes d'armes agenouillés à ses pieds, comme un pâté de mauviettes, *blackbirds in a pie*, les six chevaliers que cette fille de France arma pour la croisade. (Une fille de saint Louis dans ce ravin de la Sabine !) Mais le sentier plonge dans le ravin par une pente assez rapide : la montagne, de ce côté, tombe à pic comme le parement d'un donjon ; les hêtres qui s'y accrochent aux interstices de la pierre s'y plantent on ne sait comment dans des équilibres un peu fous : on dirait une porte criblée de flèches, des javelots dans une cible.

Mon guide me fait descendre par une « cheminée » (il y a d'ailleurs une échelle comme à la coupée d'un navire) jusqu'à une sorte de feuillure, une exfoliation de la roche où je me glisse à sa suite, la tête dans les épaules et me gardant du coude aux saillies de la paroi. Me voici dans un corridor, comparable à un coup de hache, à l'étroite ouverture entre les feuillets d'un livre posé debout sur la tranche. Deux ou trois enfoncements y forment des poches, de petites caves toutes préparées pour la retraite des solitaires. Dans le coin le plus abrité, on a disposé une chapelle, juste la place d'une personne (et pas trop grande encore) à genoux derrière le célébrant. On sait que saint François, par humilité extrême, n'a jamais voulu être prêtre, et c'est pour cela qu'on le voit toujours flanqué du frère Léon, qui l'était, et qui lui disait la messe tous les jours dans ses ermitages. Chapelle émouvante entre toutes, étroite, nue, cachée comme le secret du cœur, chapelle sans charpente et sans toit, dont l'artiste divin a fait seul tous les frais : rien qu'une lézarde, un sanglot du roc, un pauvre autel de planches surmonté d'un châssis et derrière, un trou de lumière, un chas d'aiguille par où le regard enfile la vallée, plonge au gouffre des bois, des roches et du soleil. Il y avait là une toile de je ne sais quel frère représentant la vision dont je parlerai tout à l'heure. La toile a disparu. Ne regrettons rien : quel tableau d'autel vaut ce tableau du Créateur?

Dans ces trous d'orfraie, *in foraminibus petrae*, François aimait à s'abstraire du monde, à soupirer et à gémir. Je dirais, si j'osais, avec son merveilleux enfantillage de poète, c'est là qu'il aimait à échapper au terre-à-terre, à faire le Robinson. Il n'y a que l'enfant et le poète pour fuir ainsi la vie, préférer l'*alibi*, l'aventure, le voyage en dehors du possible, dans la région des nues et de l'imaginaire. A douze ans, sur une branche d'arbre, dans le jardin de ses parents, qui ne s'est cru bien loin du monde, tout au roman de la vie sauvage? Mais cette faculté charmante, nous ne la possédions que peu d'heures à la fois; bien vite notre force de rêve se trouvait à bout,

et nous avons bientôt fini de la perdre tout à fait.
Pour passer des semaines dans cette solitude, pour y
vivre sans une distraction dans un invariable col-
loque avec soi-même, pour animer ce désert, pour y
créer des thèmes, quel ressort d'imagination! Pour
voisins, rien que la roche, l'abîme, le nuage; les
heures voguent incertaines sur le cadran du ciel; la
nuit, l'aurore marquent seules les grandes divisions
des jours. La messe le matin, le sacrifice offert aux
premières lueurs de l'aube, les répons du Psautier, rien
d'autre pour remplir les espaces flottants de la méditation; une mouche, des feuilles agitées par le vent,
un frôlement d'oiseau qui passe comme un trait, et
en voilà pour la journée... Ce que nous n'obtenons
plus, dans nos magiques cathédrales, qu'en multi-
pliant les objets, les peintures, les vitraux, et le plus
souvent encore en nous aidant d'un livre ou de
quelque formule, sans parvenir toujours à exciter
notre apathie, François le trouvait en lui-même, dans
le flot intarissable de sa vie intérieure; il peuplait ce
désert, y peignait et y déployait la tapisserie de ses
images, et nous venons encore ramasser après lui
l'aumône de ce Pauvre, ses restes et ses miettes, en
cherchant aux parois de ces grottes et aux pointes de
ces arbres les lambeaux de ses songes.

Et le pauvre Léon, la *pecorella di Dio*, que
devenait-il pendant que son séraphique patron na-
geait dans l'infini? Il imite de son mieux son merveilleux modèle, avec les gestes un peu falots d'une
ombre sur un mur, à peu près comme ce simple
d'esprit qui, pensant se rendre bien parfait, copiait
sur-le-champ chaque action de François, toussait et se
mouchait quant et quant il le lui voyait faire et gagna
ainsi le ciel à force de simplicité. Le fidèle écuyer,
frère Pecorella, avait pourtant des somnolences pendant les visions du maître, comme il arriva mon

Dieu! au grand saint Pierre lui-même pendant la nuit de Gethsémani. Une de ces visions l'éveilla en sursaut. On voit encore dans sa grotte une petite cavité, une sorte de calotte ronde qui est l'empreinte de son crâne venant donner contre le roche dans la surprise du réveil. Et heureusement que la roche céda, car sans ce miracle, quel choc pour ta pauvre caboche, *frate Pecorella!*

— *Pia tradizione*, ajoute mon guide en souriant.

Car il faut savoir que l'honneur de Fonte-Colombo est une certaine vision que saint François y aurait eue. C'est là que le saint Patriarche écrivit sa règle définitive, la Règle de 1223. Dans le cercle des sanctuaires franciscains qui font de cette partie de l'Italie comme une miniature de Terre Sainte, si Greccio est un peu la Bethléem franciscaine, Poggio-Bustone un Thabor et l'Alverne un Calvaire, Fonte-Colombo aurait la gloire d'être à son tour une manière de Sinaï.

Tout le monde sait que saint François a composé trois règles (sans parler de celle des tertiaires et de celle des Pauvres Dames) : la première en 1209, lorsque l'ordre ne comptait que quelques compagnons, et dont le texte s'est perdu; la seconde en 1221, au retour de Syrie, lorsque l'ordre s'étendait déjà au monde entier. Cette nouvelle rédaction est assez longue et assez confuse : c'est une pièce très éloquente, la harangue d'un père qui voudrait embrasser tous ses fils inconnus et les tenir sur son cœur, coupée d'exhortations, de prières, d'élans qui permettent de saisir au vif les agitations de son âme, mais qui répondent assez mal à ce qu'on attend d'une constitution. C'est ce qui aura décidé François, sur les observations de ses principaux ministres, à donner de ce document une nouvelle édition, beaucoup plus courte cette fois, et réduite aux lignes essentielles.

Tout cela s'explique aisément par le fait que François, irrésistible entraîneur d'hommes, n'a pas naturellement la tête d'un organisateur. Il n'est pas l'homme du règlement, du *tout fait*, du *par cœur*. C'est bien lui qui, venant d'écrire le *Cantique du soleil*, le donne pour viatique à ses frères et les envoie à la conquête du monde avec une chanson. Mais ces règles successives, ce travail de retouches ont bientôt donné à penser. De bonne heure il y a eu dans l'ordre des divergences d'opinions au sujet de la règle de la sainte Pauvreté. Ces inquiétudes prirent plus de force quand on vit le saint fondateur, à la fin de 1220, abdiquer ses fonctions entre les mains d'Elie, pour traîner désormais de solitude en solitude les restes d'une vie blessée. Beaucoup ne manquèrent pas d'attribuer cette crise douloureuse à un vrai coup d'Etat d'Elie. Cet homme que les zélateurs (frère Léon, etc.) tiennent pour le mauvais génie de l'ordre, dont ils font leur bête noire, était en réalité une tête politique supérieure, une sorte de Richelieu. Personne n'a rendu plus de services à l'ordre. Il en a été payé par une cabale atroce, par la calomnie, par l'exil et par une injurieuse mémoire qui s'attache à son nom. C'est ce bizarre état d'esprit dont l'écho se retrouve dans la légende du petit Sinaï franciscain. La voici, telle que nous la donne l'anonyme de Rieti.

François, se préparant à promulguer sa règle, se recueille dans la solitude pendant quarante jours à Fonte-Colombo. Cependant, à cette nouvelle, les frères et les provinciaux tiennent conseil, effrayés par la menace de nouvelles prescriptions plus sévères que les premières. « Qu'il légifère pour lui tout seul ! disent-ils, nous ne connaissons qu'une règle : c'est celle que nous avons acceptée en entrant; nous ne sommes pas tenus à en faire davantage. » Ils vont trouver Elie et le chargent de leurs doléances. Elie hésite : « Ne savez-vous pas qu'au premier mot il es capable de m'écraser d'un regard? Allons le trouver tous ensemble, et je suis disposé à le supplier avec vous. »

Ainsi fut fait, mais en pure perte : François demeura inflexible. Elie fit semblant de se soumettre et emporta le document. Mais au bout de quelques jours, il reparut en feignant de l'avoir égaré. « Qu'à cela ne tienne, dit François, reviens dans quarante jours » Nouvelle retraite, nouvelle règle, semblable de tout point à la précédente. Et, comme Elie tremblant se présentait au jour fixé pour la recevoir, voici que le Christ apparaît au-dessus du Père Séraphique, un Christ au visage de courroux, prononçant ces paroles terribles : « Homme de rien! dit-il en s'adressant à François, qui es-tu pour écrire, ordonner agir? Rien n'est à toi, tout m'appartient. Tu n'es que la plume dont je me sers quand je dicte mes volontés. Je veux qu'on les suive à la lettre! à la lettre! A la lettre, entends-tu? et sans gloses! » répéta-t-il trois fois avec force. Et il réitéra le même discours solennel avant de disparaître, laissant les frères atterrés.

Il saute aux yeux qu'on a ici un type de récit sectaire, un ton d'aigreur qui ne sent que trop l'esprit de parti. Sans doute, ces polémiques d'écoles et ces longues controverses au sujet de la Règle ne manquent pas de noblesse : les uns soutenant avec un entêtement héroïque l'honneur de leur profession de dénuement, les autres prétendant qu'il fallait s'adapter et faire quelques concessions à la nature humaine. Cette querelle qui, pendant un siècle, a rempli de tempêtes l'histoire franciscaine, est une tragédie qui se renouvelle à toutes les époques dans les mouvements d'origine mystique. C'est ce qui, en un sens, prête tant d'intérêt à l'étude des petits groupes de l'extrême-gauche franciscaine. Plusieurs de ces fanatiques ne reculèrent pas devant le bûcher. Mais c'est aussi ce caractère qui nous empêche d'éprouver ici la même absence d'arrière-pensée, le même entraînement de l'âme dont nous jouissons ailleurs. Et c'est pourquoi le petit Sinaï franciscain n'occupe pas dans nos cœurs la place que méritent vos beautés naturelles, gracieuse montagne, Fontaine des Colombes !

CHAPITRE III

LE MYSTÈRE DE LA SAINTE PAUVRETÉ

Et pourtant, cette historiette médiocre, c'est le drame de la Pauvreté.

Un jour, racontent les *Fioretti*, frère Massée, qui était taquin, se mit à éprouver le Père Séraphique et à lui répéter plusieurs fois : « Pourquoi toi?... Oui, explique-moi pourquoi tu as le monde à tes trousses? Tu n'es pas beau, tu ne sais rien, tu n'es pas noble : alors, pourquoi ? Pourquoi ? » A ces mots, l'homme de Dieu se réjouit en son cœur et rendit grâces au ciel de lui avoir donné un ami.

On pourrait encore aujourd'hui se poser la question de frère Massée : « Pourquoi lui, toujours lui ? Pourquoi cette popularité unique de saint François entre tout le peuple des saints? Pourquoi lui plutôt qu'un saint Paul ou un saint Augustin, un saint Benoît, un saint Bernard, ou ce noble saint Dominique? » Peut-être n'aurait-on pas tort de répondre, à cause de sa poésie, que l'école romantique nous a appris à mieux saisir. Mais cela suffirait-il, si nous ne croyions trouver, à tort ou à raison, des rapports entre les mouvements sociaux qui agitent notre temps et les idées du Petit Pauvre?

Dante l'a deviné dans ce chant XI du *Paradis*, où toute l'histoire de saint François se réduit à son roman d'amour, à sa sublime passion pour Celle « à qui, comme à la mort, nul n'a jamais ouvert la porte du plaisir ».

> *Chè per tal donna giovinetto in guerra*
> *Dal padre corse, a cui com' alla morte,*
> *La porta del piacer nessun disserra* (1)

A la vérité, il est malaisé de surprendre à quel moment le jouvenceau connut clairement l'objet héroïque de sa vie. Nuances plus fuyantes que celles du cou de la tourterelle ! Est-ce le jour où, à Assise, dans la boutique de son père, il se reproche d'avoir brusqué un pauvre? Est-ce le jour où, à Rome, sur le parvis de Saint-Pierre, il lui prend fantaisie de changer d'habits avec un mendiant? Que fait-il? Il s'enrôle dans l'armée des misérables. Il croit n'y prendre qu'un bain rapide. Imprudent ! Le gouffre le tient, le gouffre de l'amour.

Pourtant il n'en sait rien encore. Il mendiait depuis trois ans, et continuait à s'ignorer. C'est par hasard (un de ces hasards qui n'arrivent qu'aux âmes préparées) qu'un matin d'hiver, le 24 février 1209, en la fête de saint Mathias, apôtre, dans l'église de la Portioncule à laquelle il « travaillait » alors et qui peut-être ce jour-là était rendue au culte pour la première fois, il entendit le prêtre lire l'Evangile célèbre : « Ne prenez ni or, ni argent, ni monnaie dans vos ceintures, ni sac pour le voyage, ni deux habits, ni souliers, ni bâton : car l'ouvrier mérite sa nourriture. (2) » Ce fut pour lui un trait de lumière. C'est ce jour-là qu'il prend le froc, détache ses sandales, jette son bâton, remplace sa courroie par une corde et se met à marcher *sur la chrétienté,* comme

(1) *Parad.,* XI, 58-60.
(2) Math. X, 9-10.

disait le vieux langage de ceux qui vont pieds
nus. Il avait vingt-sept ans. Cette révélation se
trouva confirmée peu après d'une manière éclatante
dans l'église de Saint-Nicolas, où il consultait
l'Evangile avec Bernard de Quintavalle. Le livre trois
fois ouvert donna trois fois même réponse. « Si vous
voulez être parfaits, allez, vendez vos biens et donnez-
en le prix aux pauvres... (1) » A partir de ce moment
la famille franciscaine est née et la *gente poverella*
s'élance sur la terre.

Et cependant, on peut soutenir que cette longue
conversion était faite d'avance et qu'il n'y a qu'un
pas du mondain des débuts au moine et à l'ascète.
Cet élégant, ce fat, cet inventeur de modes recher-
chées, qu'on voyait arborer des habits mi-partis,
faits d'une toile à sac cousue à quelque précieuse
soie, toujours fut le même aristocrate et le même
dégoûté.

Dès l'origine, il a le signe qui ne trompe pas, le
dédain du vil métal : un prodigue, un panier percé,
ne sachant qu'inventer pour fricasser l'argent, pour
secouer sa vermine dorée (des « punaises », disait-il,)
n'a pas grand'chose à faire pour y renoncer tout à
fait : ce n'est pas là un sacrifice. Déjà, sans s'en
douter, il est amoureux d'autre chose. La seule
difficulté était de nommer la beauté qui flottait
dans ses rêves et demandait son cœur, celle qu'il
aimait sans le savoir et sans même la connaître,
comme tant de chevaliers épris d'une femme sans
l'avoir vùe, comme Jaufre Rudel se meurt pour la
princesse de Trébizonde ou comme Tristan part en
quête sur la mer de Thulé pour découvrir il ne sait
où la Belle au cheveu d'or.

(1) Math., XIX, 21. Les deux autres passages que donna
la consultation, furent Luc, IX, 1-7, et Math., XIV, 24-27.

Il faut désespérer d'ailleurs, profanes que nous sommes, avec nos pauvres mots, notre incurable misère de cœur, de nous représenter vraiment cette merveille d'une vie sainte, le roman de François et de la Pauvreté. Nous y échouons déjà quand il s'agit d'amours un peu raffinées, de ces amours courtoises que la poésie provençale avait mises à la mode, comme celles d'un Dante ou d'un Pétrarque et de leurs maîtresses mortelles. Que sera-ce s'il s'agit d'un saint, et d'un saint de si brûlante ardeur, de passion toute-puissante, un roi de l'imagination?

De noces véritables, d'épousailles, de contrat, d'anneau échangé, comme cela se passe dans l'histoire de sainte Catherine, de sainte Gertrude, d'Henri Suso, les biographes n'en disent pas un mot : il n'y en eut jamais et il ne pouvait pas y en avoir. C'est encore un faux-sens de la fresque de Giotto dans l'église inférieure d'Assise; j'ajoute que la faute en incombe au clerc qui a dicté le programme : vers 1330, personne ne comprenait plus rien aux mœurs du XII° siècle. Il ne faut jamais oublier que François est un élève de nos poètes. Pour lui, la question d'épouser ne se pose pas : on n'épouse pas la Reine. Toute cette vieille poésie roule exclusivement sur l'amour de la Dame, de la femme qui par définition ne saurait vous appartenir; dans ces antiques sociétés, la jeune fille compte à peine (la règle était d'être mariée à quinze ans, et l'on en voit de plus précoces). On n'imaginait même pas l'amour dans le mariage; on n'avait garde de confondre l'habitude conjugale et l'ordre romanesque du sentiment et de l'amour.

Il faut se figurer, par un petit effort d'imagination, ces formes de société désormais si loin de nous, et qui ne sont plus représentées que par des romans qu'on ne lit plus, des vers qui ne sont plus chantés et de vieux châteaux démantelés qui se désagrègent sur la colline : ces formes du passé ont contenu une des idées les plus nobles de la vie. Il faut se figurer dans ce château la Dame souvent seule, seule des années entières si le mari est parti pour l'aventure d'Outre-mer, seize ans, belle, délicate, suzeraine de la « terre », avec ce long bliaut plissé des reines de Chartres, régnant un peu comme une pucelle ou la Vierge des cieux sur l'horizon humain, recevant l'hommage des vassaux (mais l'*hommage* avec son sens plein de dévouement total), parfois montant sur le rempart, comme Guibourc, dans l'« histoire », défend la ville d'Orange contre les Sarrazins. L'amour que l'on ressent pour cette figure unique ne comporte ni retour, ni récompense, ni espoir, ni échange de caresses vulgaires : il ne se sépare pas de l'idée de mérite, puisque son objet le plus haut est d'obtenir un regard. L'amour, dans cette conception toute idéale, est une vertu : il devient même le chemin de toutes les autres, n'étant qu'une méditation passionnée de celles de la Dame, et le courage, l'esprit, les prouesses, tous les efforts qu'on fait vers la perfection, n'étant que des degrés par où l'on se rapproche de l'Idée de la Beauté.

Un tel amour n'a rien de commun avec la possession : au contraire, il implique la privation et la souffrance. C'est une religion, c'est un culte : cela n'a rien à voir avec ce que le profane appelle le bonheur. Une telle poésie a sans doute l'inconvénient de tomber vite dans la manière. Mais, à l'époque classique, c'est une grande chose sérieuse : pure exaltation de nos facultés nobles, un peu cérébrale peut-être, mais qui n'oriente pas moins la vie comme seul l'amour de la femme peut le faire dans la jeunesse, un amour où la vue de la personne aimée devient le premier des biens, et qui enseigne le prix dont s'ornent les moindres choses lorsque le cœur s'en mêle, fait du jour un miracle parce qu'Elle le voit et de l'air un parfum parce qu'Elle l'a respiré.

Ainsi, dans les amours de François, rien de matériel, mais rien d'artificiel non plus. Ce n'est pas une convention, une simple métaphore, mais une haute flamme qui éclaire l'existence. Cet idéal objet n'a rien d'une Iris en l'air; c'est tout autre chose qu'une abstraction, une vaine allégorie : la Pauvreté, François l'aime comme une personne. Lui prête-t-il un corps, un visage? Avait-elle un regard, des lèvres, un sourire, des yeux, les traits de quelque figure aperçue dans le siècle? Recherche presque impie... Il l'aime cependant, cette beauté inconnue : ce n'était pas un souffle, une irréelle image; il transportait en elle les mouvements de son cœur. Il mit dans cette étrange passion autant de génie que d'autres en dépensèrent pour leur Laure ou pour leur Béatrice. Elle se rendait sensible par les effets de cet amour : il sentait, il souffrait par elle, il la créait de ses soupirs. Il l'aimait comme l'artiste aime son art, le musicien sa musique. Elle fut pour lui ce qu'est le grand amour, la révélation de tout ce qui est beau et ineffable dans le monde.

Mais tout cela ne peut que s'entrevoir; nul ne nous a rien dit et nous ne saurons jamais rien.« Hé! François, lui disait sa bande en le voyant rêveur, as-tu l'amour en tête? Songes-tu à prendre femme? — Plus belle que vous ne pensez! » se bornait-il à répondre, et il leur cachait son secret. La dernière année de sa vie, trois inconnues le saluèrent un soir sur la route de Sienne : « Bonsoir, dame Pauvreté! » dirent-elles, et elles s'évanouirent. Voilà tout ce que sait l'histoire, les seules lueurs que nous ayons sur le roman du saint Trouvère. Entre ces deux scènes mystérieuses, placées l'une à l'aurore, l'autre au soir de l'existence, il n'avait fait qu'un rêve : et qu'est-ce pour lui que la Pauvreté, si ce n'est un mythe, un *senhal*, comme disaient les poètes provençaux, un de ces noms qu'on prête au plus beau de nos songes, un radeau, comme dit Platon, pour traverser la vie.

Vraie planche de salut! Le monde sauta dessus comme dans un naufrage, voulut s'embarquer pour le ciel. Ce fut une évasion, une fuite, une sortie de bagne, du bagne de la nécessité. Et qui ne voudrait recommencer une si charmante folie? Qui ne prendrait passage sur cette nef sans chaînes et sans amarres et ne ferait voile volontiers vers des îles ou des étoiles où l'on ne saurait plus ce que c'est que la géhenne de l'or?

Je ne médirai point de l'or. Mais ne trouvez-vous pas que vraiment la Finance, les changes, les affaires jouent tout de même dans le monde un rôle exagéré? Ne trouvez-vous pas qu'il est dur, ce siècle du Roi-Dollar, ce règne du deux et deux font quatre, mais où ce qui faisait quatre ne fait plus que deux ou même zéro, et où l'homme laborieux apprend tous les matins que la même somme de veilles ne lui procurera pas, pour nourrir sa nichée, la même bouchée de pain?

Qu'en eût-il dit, le Petit Pauvre, lui qui faisait de ses mains des nids aux hirondelles pour qu'elles obéissent aux lois du Créateur? Oui, qu'en eût dit notre bienheureux petit frère François? Il y a trente ans, au temps où nous étions des collégiens, nous le tenions ingénument pour un doux socialiste, un tendre incendiaire, qui se serait fort bien entendu avec les blonds terroristes russes qui étaient à la mode dans notre tolstoïenne jeunesse, et que nous aurions très bien vu entre Jaurès et Marcel Sembat aux dimanches de la villa Saïd. C'était un camarade, un gentil camarade qui pensait à peu près comme nous sur bien des choses, et c'est ce qui le rendait si populaire à cette époque lointaine dans la rue des Écoles, aux temps où il nous semblait facile d'organiser le bonheur et que l'on n'attendait que nous pour commencer, aux temps dont parlent les frères Tharaud dans *Notre cher Péguy*, le temps de la « Crypte », de la « cour rose » et de la « turne Utopie ».

Une société de cigales, subsistant sans aucune forme de capital, absolument au jour le jour ; un monde d'artisans, de petits ouvriers vivant heureux du travail de leurs mains, sans acheter ni vendre, sans rien de vénal ou de mercenaire, des villages où la vie est celle d'une grande famille, où tout le commerce n'est qu'un échange de bons services, ce paradoxe n'était donc pas une chimère, puisqu'il avait été réalisé une fois. Aider à la moisson, prêter la main à la vendange, gauler des noix dans la saison, décharger une charrette, faire le porteur d'eau et dire à qui veut vous payer : « Garde tes sous, bonhomme, donne-nous de ton pain », ah ! si le saint d'Assise avait reparu au Quartier latin en tenant de tels discours, il aurait eu bientôt plus de trois Compagnons.

A la vérité, je ne jurerais plus que cette image de la société franciscaine décrive l'état que saint François rêvait réellement pour tout le troupeau des fidèles. Je me demande même si les idées sociales que nous lui prêtions ingénument eurent quelque action sur son esprit.

Dussé-je contrister nos frères les socialistes, s'ils se plaisent encore à voir en saint François un précurseur, il faut leur ôter cette illusion. Il lui arrive bien d'écrire que l'aumône est un « droit », *hereditas et justitia quae debetur pauperibus*, il n'est pas sûr que ce texte, qui constate un titre juridique, autorise une reprise individuelle ou collective. Il est vrai qu'il a marché dans sa jeunesse pour les Communes, et appelle ses frères des *Mineurs* pour les assimiler aux petites gens, plutôt qu'au *popolo grasso*, aux riches et aux gras. Mais on ne voit pas qu'il ait fait le procès de la richesse; il n'en condamne pas l'usage. Il reste bien en deçà de l'Evangile et du terrible: « *Vae divitibus!* » Il sait que le tien et le mien sont la source de maux sans nombre, mais la cité des cœurs, la fraternité dont il rêve n'a rien de commun avec les songes millénaires des partageux de tous les temps, le guignol enfantin de la lutte des classes.

Pas plus qu'il ne réforme l'Eglise, il ne conçoit la refonte de la société. François n'a rien d'un niveleur. Il est beaucoup trop fin, trop artiste pour cela. Il trouve fort bon qu'il y ait des riches : il faut de tout pour faire un monde. Et il aime que chacun demeure dans son ordre et fasse son métier, lépreux s'il est lépreux et pauvre s'il est pauvre. C'est en cela surtout qu'il diffère de nos socialistes. Le socialisme n'aime pas les pauvres : il a horreur de la pauvreté. Il n'a qu'une ambition, qui est de la supprimer pour y substituer l'universelle médiocrité, la platitude égalitaire. En un mot, le socialisme est un système de la quantité, fondé sur la somme des biens produits ou possédés. Le système chrétien, qui est celui de saint François, est un système de la valeur et de la qualité.

Dans ce système, il y a toujours des pauvres, mais c'est eux qui sont la noblesse. Les riches peuvent en être, mais à la condition de se démettre de leurs richesses. Ce n'est pas une déchéance, c'est un ennoblissement. François ne touche pas à l'inégalité, mais l'inégalité joue en faveur du pauvre. Quand un pauvre parle à un riche, c'est lui qui est le supérieur : il parle au nom du souverain. Il a une fonction et une dignité. Il représente, comme dit Péguy. Il représente Dieu, et il le représente deux fois, en tant que figure du Christ qui a voulu naître sur la paille, et en tant que ministre du Créateur qui exige la dîme de tout ce qu'il a donné. Après cela, le riche peut refuser : c'est son affaire. Lazare n'a rien à dire, mais Dieu aura le dernier mot. Il lavera l'injure faite à son Pauvre. « Je me suis réservé la vengeance, » dit le Seigneur. Cette conception sublime de la mission du Pauvre, cette majesté, cette pourpre royale, ce rayon de Dieu visible sous le haillon valent peut-être le programme unifié avec son faux-col pour tous et son luxe de confection et de grands magasins.

Cette gloire du Pauvre, François s'en fait une telle idée qu'il lui arrive, tout pauvre qu'il est, de porter envie aux vrais pauvres. Il ne suffit pas d'acheter cet honneur de toute sa fortune : ce n'est pas la même chose que d'être pauvre sans le faire exprès. Il lui semble parfois qu'il empiète, qu'il usurpe. Il n'est pas *né.*

Il y a là-dessus un trait fort curieux. Un jour qu'il venait de recevoir une robe neuve, il aperçoit un pauvre : « Rendons, dit-il au frère qui l'accompagnait, rendons le bien d'autrui : il ne sera pas dit qu'on me prenne pour un voleur. » Scrupule singulier : en recevant l'aumône, il craint de déposséder un droit antérieur, d'opposer un droit feint à un titre authentique. C'est un sentiment qui se rapproche de celui qu'exprime la légende du tyran de Samos, qui croit désarmer la Némésis par un sacrifice spontané. Le malheur volontaire, comme la pauvreté volontaire, peuvent-ils suppléer le malheur non cherché, remplacer le caractère de l'Election divine? Mais ici nous sortons de la zône de la pure noblesse pour entrer dans un autre plan, dans l'ordre du Sacré.

Pour saisir la vraie nuance de la Pauvreté franciscaine, il faut une fois de plus ouvrir les *Fioretti* et relire cet épisode où François et Massée, voyageant de conserve, s'asseyent pour déjeuner au bord d'un beau torrent aux portes de la ville et disposent sur une pierre le produit de leur quête. Massée était bel homme et faisait toujours des recettes magnifiques : toutes les femmes lui donnaient. A cette vue, François laisse éclater sa joie et s'écrie : « Nous ne sommes pas dignes d'un si grand trésor !

— Quoi ! repart l'autre, tu vois que nous manquons de tout : ni nappe, ni couteau, ni sièges, ni écuelles, ni table, ni maison, ni valets, ni servantes. Et c'est cela, mon Père, que tu appelles un trésor ?

— J'appelle un grand trésor, mon fils, un festin où n'apparaît nul artifice de l'industrie humaine : tout ici est le don de Dieu. Ce pain de l'aumône, cette belle pierre plate qui nous sert de table, ce clair torrent dont nous buvons, tout cela est uniquement le bienfait de la Providence. Rendons grâce, mon frère, de ce banquet de la sainte Pauvreté, servi par les mains de Dieu même, et pour le prix duquel ce n'est pas trop de tout notre amour. »

Cette pensée que la vie est un don, une chose gratuite, un pur effet de la générosité du Très-Haut, une pure largesse de sa magnificence; cette idée qu'il a tout tiré de rien, que tout ce qui est pouvait ne pas être; que l'univers pourrait s'évanouir comme un songe et ne subsiste à chaque instant que par une nouvelle émission d'amour; cette idée que tout est miracle, effusion, bienfait, rayonnement du Créateur, et que les rayons de l'astre de l'aurore comme la joie de la cascade sortent éternellement de sa munificence; cette croyance que rien n'existe qu'en Dieu, qu'il est inutile de se mettre en peine, qu'il suffit de lui plaire et de s'en remettre à lui du reste, cette conception paternelle du monde est l'essence de la sainte Pauvreté. L'argent est un manque de courage. L'homme qui se fait un pécule est comme l'enfant qui sait marcher et qui n'ose sans le secours d'une chaise ou d'un doigt. Le Pauvre s'abandonne à Dieu comme on se confie chaque soir sur l'abîme nocturne aux vagues du sommeil : ainsi le nouveau-né se suspend au sein de sa mère, ignorant qu'il en coûte pour être autre chose qu'un sourire et vivant proprement d'amour.

L'idée franciscaine de la nature se rattache ainsi au système franciscain de la Pauvreté, qui fait partie lui-même d'un système de la noblesse. Ces trois idées se rejoignent à la cime et plongent à la fois dans le sacré. Rien n'a plus fait depuis un siècle que ce sentiment de la nature pour la gloire de saint François. Pour la plupart d'entre nous, qu'est-il ? Le saint du sermon aux oiseaux. Il s'ensuit que ce trait est généralement mal compris, faute de voir comment il s'articule au reste de la pensée. Parlerait-on de rapports entre François et Çakya-Mouni, si l'on ne se contentait de la vue la plus superficielle ? La piété bouddhiste envers la créature découle du désespoir de la douleur universelle, de la pitié pour mal de vivre. La sympathie franciscaine repose sur l'idée de la Providence : toutes les créatures ont le même Père, nous sommes tous des enfants de la même maison, une maison où il y a un ordre, une hiérarchie, une belle échelle d'aînés, de cadets et de tout petits, les uns mieux doués, les autres moins, comme dans toutes les maisons, mais tous ayant même origine et devant, chacun à sa place et selon ses moyens, depuis le soleil jusqu'au ciron, son hymne au Créateur.

François, même dans le monde, était déjà touché par la beauté de la nature. On prétend que la Renaissance a inventé le paysage. Il suffit de considérer le site des châteaux, des abbayes, des pèlerinages (le Mont-Saint-Michel ou le Puy, pour ne citer que ces deux-là) pour se convaincre du contraire. Justement au temps de saint François, des artistes inconnus, aux bords de l'Oise et de la Seine, étaient en train de faire une chose étonnante : ils inventaient un frisson nouveau, ils sculptaient le printemps aux portes des cathédrales. La France descendait dans son jardin et y rencontrait la poésie. Lorsque frère Pacifique arriva à Paris, il put y voir, dans sa fraîcheur, le portail de Notre-Dame où nos vieux imagiers, en ciselant dans la pierre le plantain et le fraisier, immortalisent le soufle d'avril et le frémissement des feuillages.

Mais le vrai sentiment du moyen âge diffère de ce naturalisme. Le moyen âge s'est fait une idée magnifique de l'univers : il n'y voit que le Créateur. Toute réalité n'est qu'une ombre ; tout ici-bas n'est que symbole, tout est allusion à quelque chose d'invisible : le monde n'est qu'un vitrail qui laisse entrevoir le Ciel. Chaque créature cache un sens et n'est qu'un reflet de l'Idée. La nature est un alphabet dont chaque forme épèle le nom divin. Ainsi tout est mystère, tout est révélation. La création devient un hiéroglyphe, une Bible dont la contemplation déchiffre les secrets. Tout le XIIIᵉ siècle a pensé que l'univers n'est qu'un songe de Dieu, et tout fait voir que saint François n'a pas d'autre pensée. Il chérit les agneaux en pensant à l'Agneau immolé pour les hommes. S'il ramasse le vermisseau et le porte avec précaution sur le bord de la route, c'est en ressouvenir du verset du Psalmiste « *Vermis sum et non homo.* » La fleur le fait songer à cette fleur sortie de la tige de Jessé. La pierre du chemin lui rappelle Celui qui se compare à une pierre de rebut. Il ne souffre pas qu'on éteigne une flamme, étincelle de la flamme éternelle.

C'est seulement assez tard, au retour de la Terre Sainte, qu'il s'aperçut d'un don nouveau, d'une sorte de charme qu'il exerçait sur la nature. Les créatures les plus timides ne le fuyaient plus, semblaient lui obéir. Il fit cette découverte un jour près de Bevagna. Apercevant un champ que couvrait une nuée d'oiseaux, il y court : il vit qu'ils ne s'envolaient pas. Charmé de leur confiance, l'idée lui vient de leur adresser la parole : « Oiseaux mes frères, leur dit-il, n'aimez-vous pas Dieu qui vous a donné plumes et ailes et tout ce qu'il vous faut (1) ? Il vous a faits princes entre les créatures et vous assigne pour château la voûte de l'azur... » Et eux d'ouvrir le bec, de secouer leurs petites têtes, de ramager en leur latin et de battre des ailes avec des signes de joie en se caressant à sa robe ; enfin d'un signe de croix, il leur permet de s'envoler.

Depuis ce jour, la scène se renouvela souvent, en particulier dans cette Arcadie de la vallée de Rieti : c'est un lièvre à Greccio, c'est une poule d'eau, une tanche du lac, c'est un faisan à Sienne, à l'Alverne un faucon, à Alviano des hirondelles, une cigale à la Portioncule. Le Petit Pauvre nous apparaît comme un doux thaumaturge, au milieu d'une nature à l'état d'innocence. Et le mot qui nous reste de lui, c'est cet appel de fraternité qu'il adressait du fond du cœur à toutes les créatures : « Mes sœurs les hirondelles » ou « Cigale, ma sœur ».

Et cependant, on pourrait soutenir que sa légende loue ici ce qu'il a de moins original. Rien de plus commun qu'un pareil trait dans toute l'hagiographie. Le saint a toujours fait bon ménage avec

(1) Traduction de Michelet, *Hist. de France*, t. II (1833), p. 539.

l'animal. Pour en douter, il faut n'avoir pas lu une vieille légende, jamais jeté les yeux sur un porche de cathédrale : la mémoire populaire est encore pleine, dans chaque province, de ces couples familiers d'un saint et d'une bête, la pie de sainte Ode, l'oie de saint Rigobert, les geais de saint Fructueux, les grues de saint Agricol, saint Marcou et son lièvre, saint Calais et son buffle, saint Gilles et sa biche. Saint Cerboney entre chez le pape suivi d'un troupeau d'oies, comme François suivi d'un agneau. Saint Aldebrand fait taire les hirondelles de Fossombrone, comme François celles d'Alviano. Tout le moyen âge a connu cet attrait de mansuétude, ce pouvoir de la bienveillance et de la pureté, qui désarme la méfiance, endort la guerre invétérée que l'homme et la nature se font depuis la chute. Parmi tant de misères (qui d'ailleurs n'étaient pas plus intolérables que les nôtres), le moyen âge a connu au moins ce rêve de la paix divine. Il savait que la cause de tout désordre est le péché, que l'égoïsme est l'unique obstacle qui nous sépare du monde, et qu'il suffit de l'ôter, de la rompre cette muraille, cette croûte de sécheresse et d'endurcissement, pour retrouver l'antique alliance, la paix de l'aurore, le pacte d'amour avec les choses de Dieu.

Il ne s'étonnait guère de ce qui nous émerveille. Il savait que la licorne, le furieux rhinocéros vient se prendre au sein d'une Vierge. Il savait la perdrix de saint Jean, l'histoire de saint Valéry, que les oiseaux couronnaient comme un arbre, se laissant caresser et ne s'envolant que bénis, l'histoire de saint Blaise, que ses bourreaux découvrent au fond d'une forêt, au milieu d'un cercle d'animaux qui environnent le nouvel Orphée, celle de saint Adjuteur de Vernon. dont la sépulture ignorée fut signalée par une nuée d'oiseaux qui chantaient sur sa tombe. Sainte Colette vit

entourée d'alouettes, de tourterelles; un agneau la
suit à l'église et, à l'élévation, s'agenouille. Notre
Jeanne elle-même, une telle douceur émanait de sa
personne. que les oiseaux, dans son enfance, venaient
à elle. Toute cette vieille religion a un caractère rural
que nous ne connaissons plus. L'Eglise d'autrefois
n'est pas du tout bourgeoise: c'est une reine et une
paysanne. C'était une religion de plein air, un
monde beaucoup moins, compassé que notre triste
monde administratif, plus proche de la nature et
aussi de la féerie : l'étable n'est jamais loin, l'animal est de la maison. Tout cela, bêtes et gens, est
un peu de la même famille. Cela sent la terre, le
foin, l'arche de Noé et le parfum des champs.

Qu'avons-nous perdu, malheureux! en oubliant ce
monde d'autrefois, ce Paradis de Pauvreté où
nous conviait saint François? Qu'avons-nous. fait en
méconnaissant une vue de l'univers si pure et si
touchante? Par quoi l'avons-nous remplacée? Ce
monde de Pauvreté, c'était tout simplement le
royaume de Dieu : c'était un monde de la valeur, un
monde où chaque objet avait sa place exacte, où
chaque chose était une personne et pourtant en
représentait une autre, où tout le périssable se prolon-
geait dans l'éternel. Quel respect de la créature, quel
tact, quelle réserve dans l'usage des biens de la vie,
inspire une telle doctrine! Quelle leçon de tenue
résulte de ce sentiment du sacré! On marche dans
l'existence comme dans une église. On est reçu chez
un seigneur très bon, très magnifique, que l'on aborde
avec confiance, mais dans la demeure duquel on aurait
pudeur d'abuser. Et au fond, cet esprit de Pauvreté,
n'est-ce pas le sentiment que la vie ne nous appartient pas, qu'elle n'est qu'un prêt qu'il faudra rendre comme nous l'avons reçu, et dont le véritable
sens est un sens de Sainteté?

Là-bas, à l'autre bout de la vallée de Rieti, il y a un paysage célèbre : ce sont les chutes du Velino. Là se trouve ce déchaussement que j'ai dit, cette rupture du terrain, cette cassure à l'endroit où les eaux des hautes vallées de la Sabine tombent dans la Nera qui, à travers son étroite gorge, les roule et les emporte au Tibre. Le site était illustre, connu de tous les peintres et de tous les poètes. Qui ne se rappelle le petit Corot qui représente cette cascade, la crête de la muraille rocheuse, usée au bord d'une sorte d'encoche, comme la corde du seau en fait à la margelle d'un puits, — et puis, l'immense saut dans le vide, avec deux arrêts, deux étages : d'abord, la longue colonne diaphane, la colonne liquide plongeant verticalement comme dans une canne de verre, — un premier ressaut bouillonnant, enfin. la rencontre des eaux avec celles de la Nera qui cette fois roulent ensemble sur un dernier banc de roches par cinq torrents étalés comme les doigts d'une main. On aurait dit d'un arbre liquide avec toutes ses racines, d'une sorte d'hydre glissant de là-haut en agitant ses gueules et ses crinières d'écumes. Childe-Harold consacre à cette chute quelques strophes de son poème :

> *A matchless cataract,*
> *Horribly beautiful!* (1)

René conduit ici Pauline de Beaumont expirante : elle demeura quelques moments silencieuse et gémit : « Il faut laisser tomber les flots! » Peu de paysages donnaient une sensation comparable à celle de ce château d'eau : c'étaient les proportions, les formes de la perfection. Le fluide y prenait je ne sais quoi de

____

(1) *Childe Harold's Pilgrimage*, chant IV, str. 71.

sculptural. Lorsqu'élevé sur un tertre dans le tonnerre de la cascade et le voile d'embruns qui s'élevaient de la chute, l'œil plongeait dans le gouffre où se mêlaient les deux fleuves, on avait l'impression d'une lutte, d'une proie, d'une fuite, d'embrassements, d'étreintes, de voiles déchirés, d'un groupe tumultueux de désirs et de cris: c'était Perséphone ravie par Pluton aux Enfers.

J'ai voulu revoir l'autre jour la cascade de Terni. Les faubourgs de la ville ressemblent à Aubervilliers. A Papigno, où la route s'engage dans la gorge de la Nera, d'énormes escarres de la montagne, de grandes dartres livides, béantes dans le manteau des pins, annoncent des carrières de béton; des détonations font sauter de nouveaux pans de la roche dans des nuages de poussière. Le village archaïque est devenu cité ouvrière. J'approche enfin de la cascade, reconnaissable à sa grande voix et à la légère vapeur d'eau suspendue au-dessus de son gouffre invisible.

Mais je ne m'y reconnais plus. On m'a changé le paysage. Une file d'usines occupe le fond de la vallée. Le décor est troué par des lueurs de fournaise. La cascade n'est plus la même. Voilà bien toujours la haute colonne, la blanche glissade verticale, le saut vertigineux du Velino dans l'abîme; mais le reste a disparu. On a escamoté la chute : sous cette trombe d'eau qui tombe, le lit du torrent est à sec, comme si tout se perdait subitement par un trou. Les derniers gradins de rochers, dépouillés de la draperie des eaux, ont des airs de carcasses, de bucrânes, de massacres, comme ces têtes de taureaux qu'on cloue ici aux portes contre le mauvais œil. Il n'y a plus de chutes de Terni! Je remarque alors les barrages, les batteries de siphons qui conduisent aux turbines, les drains appliqués de tous côtés au flanc de la montagne, tous ces appareils, ces suçoirs qui boivent le chef-d'œuvre, l'absorbent, l'embouteillent pour que le beau dragon liquide, comme un chien dans un tourne-broche, mette en mouvement des roues de machines et des cylindres de laminoirs.

Il n'y a plus de chutes de Terni... Si demain un furieux lacérait quelque *Fornarine* ou tentait de mutiler l'*Ariane* ou l'*Apollon*, il n'y aurait qu'un cri dans la presse mondiale pour protester contre cette barbarie. Le paysage de Terni valait bien plus que l'*Apollon*. On a pu déshonorer impunément un des plus beaux lieux du monde, parce qu'il s'agit cette fois d'une chose qui va sans dire et que chacun comprend, dans notre siècle de progrès, c'est-à-dire de produire des canons de fusils, des plaques de blindage et surtout de faire de l'argent.

Terni était une beauté, une des parures de l'Italie. C'est maintenant un Creusot, une richesse économique. Il y avait là une nymphe, une des plus belles formes sorties des mains du Créateur : ce n'est plus que de la houille blanche. Elle tombe toujours, la fluide déesse, avec cette grâce d'abandon, cette longue nonchalance, cette souple chute échevelée, cette divine nouveauté de gestes et de langueurs que la tendresse met dans le don de l'amour : un ingénieur arrive et calcule combien cela fait de chevaux-vapeur. Une des plus belles choses de la vieille Europe est détruite. Mais il faut bien que Rome là-bas ait des tramways et des ampoules électriques pour éclairer, dans les restaurants élégants, les dîneurs en smoking, les perles et les épaules des belles fumeuses de cigarettes.

Eh! oui, il s'agit de milliards : va-t-on laisser se perdre cette fortune? Je songe pourtant aux paroles du Petit Pauvre à frère Massée. Qui sait? C'est peut-être ici qu'il s'était arrêté pour dîner d'une croûte, sur une table de pierre, au bord du torrent brillant de joie, dont le jaillissement, les jeux, les éternelles vapeurs lui parlaient de la fraîcheur, de la générosité de la *cortesia* divine et de l'inépuisable gratuité de la Création. Qui, de lui ou de nous, fait le bon usage du don de Dieu? Qui sait le mieux jouir du trésor de la vie? Qui est le vrai riche, de l'homme qui « laisse tomber les flots » pour n'en boire qu'une gorgée et s'enchanter de poésie, ou du moderne qui ne sait que souiller un chef-d'œuvre? Mais nous ne sommes plus assez riches, avec tout l'or du monde, pour nous payer le luxe de la sainte Pauvreté.

CHAPITRE IV

LE JONGLEUR DE DIEU

Greccio est un des noms insignes de la géographie franciscaine. C'est là que se passe un des épisodes populaires de la vie du saint héros : c'est là qu'il célébra, trois ans avant de mourir, cette fameuse Noël, cette Nuit de Greccio plus connue dans le monde que la *Nuit* du Corrège. Jean de Parme, un des généraux de l'ordre au XIIIe siècle, y passa dans la retraite trente années de sa vie. Enfin, on conserve dans ce couvent un portrait de saint François, une peinture très vieille et très curieuse, dit-on, où le saint patriarche est représenté en larmes. Ce portrait, le souvenir du mystique exilé et celui de saint François lui-même, voilà plus qu'il n'en faut pour expliquer une visite à la Bethléem franciscaine.

Le tortillard de Rieti vous dépose à une halte en pleins champs, au pied de la montage. Le sentier du couvent se met à grimper presque tout de suite en sortant de la gare, sans passer par le village. Le temps est couvert et menaçant. Le profil de la haute muraille a repris son air grave et son front sévère. On se trouve comme dans l'enfoncement d'une courtine, sur une pente argileuse formée de terres arrachées par les pluies aux parties hautes du paysages. Un hameau misérable disperse sur cette pente, parmi des châtaigniers, ses bicoques et ses toits de chaume comme une bande de poules cherchant leur vie entre les cailloux. Un ruisseau égoutte sa fontaine dans une cuve où trois paysannes sont en train de laver. C'est toute la place du village. On se croirait très loin dans le temps, ou bien très loin d'ici, dans notre Limousin. J'ai peur, contant un jour la scène de Greccio, d'avoir parlé, Dieu me pardonne! de la « procession des gens de Rieti ». Rieti est à trois bonnes lieues d'ici, et il faut n'avoir aucune idée de la grotte de Greccio pour se figurer qu'il ait pu y tenir une bien grande assistance. L'imagination grandit la scène, mais ce fut en réalité quelque chose de très humble, une veillée de paysans. On voit très bien, au contraire, les familles du hameau sortant de leurs masures pour le rendez-vous du saint, chacune portant son falot pour se diriger dans la nuit. Ces lueurs qui se cherchent, ces lucioles errantes, une poignée de chrétiens de cette pauvre paroisse, Simon, Pierre, Jean, et Barthélemy ou Barnabé peut-être, se hélant avec bonne humeur, ce chapelet de lanternes s'égrenant le long du raidillon, une fête de rustres, en somme, deux ou trois douzaines de vilains, pas davantage, un réveillon dans un trou de montagne : tout ce qu'il y a de plus « campagne », de plus exigu comme assistance, et c'est cette misère, cette déconcertante humilité des choses qui fait la ressemblance avec la nuit des bergers de Juda.

Soudain, le couvent tombe du ciel quand on ne s'y attendait plus, perché encore une fois là-haut, pendu à la montagne exactement comme un tableau et, ma foi! sans beaucoup plus d'épaisseur. Une arcade pleine, formée de deux arches d'aqueduc, supporte le léger décor, la petite terrasse en corniche et les maisonnettes disparates de cet ermitage aérien. Quelle chose planante, presque envolée, doit devenir l'existence pour les êtres qui font leur demeure dans cet asile des saints! Toujours ces oiseaux de muraille, ce peuple du ciel plutôt que de la terre, ces colombes et ces hirondelles que l'on voit quelquefois raser nos plaines et nos vallées, mais pour regagner bien vite leur nid au creux de la roche, à mi-chemin des nues! Sans doute, c'est le doux coup d'aile de leur vol qui parfois rafraîchit nos fronts et dont le frisson parcourt nos âmes comme une brise qui évente et dissipe nos miasmes.

Les cent derniers mètres de l'ascension se font par un escalier en zigzag, bordé du côté du précipice par une haie de beaux ormes. C'est seulement à ces hauteurs qu'on retrouve (comme aux environs d'Albano et de l'Ariccia, chers à Corot) nos végétations du Nord. Pour compléter l'impression, voilà que la pluie s'en mêle et achève de tout obscurcir. Il est temps d'arriver. Du petit vestibule où le frère portier m'accueille avec la cordialité franciscaine, il m'invite à monter tout droit à l'étage au-dessus. J'enfile un petit escalier dans un boyau assez noir, et me voilà dans l'église. Un jeune frère de beau visage, un de ces visages à fier profil qui ont si grand air dans les fresques de Melozzo ou de Frà Diamante, fait le catéchisme à une douzaine de gamins et de gamines rangés sur deux bancs au milieu de la nef, les arrière petits-enfants de la Noël de saint François.

Ils ne savent pas très bien leur leçon, ces jeunes catéchumènes, mais ils ont du jarret! A cette hauteur, on dirait le catéchisme dans le clocher. Il paraît que leurs aïeux du temps du Petit Pauvre avaient déjà la tête dure : pas de grands criminels non plus, mais que voulez-vous? la récolte, l'âpreté au gain leur faisaient quelquefois oublier le dimanche. Ils vivaient un peu, ces pauvres gens, dans leurs mauvaises chaumines, comme si le bon Dieu n'était pas venu au monde. Aussi leurs affaires se gâtaient : c'était mauvaise année sur mauvaise année, grêles, animaux malades. Il était grand temps que saint François vînt mettre ordre à tout cela. La petite classe est bien la fille de cette race de silex. Ces gamins de douze ans ont toutes les peines du monde à venir à bout de leur *Pater*. Les petites, naturellement, sont les plus dégourdies; mais quand c'est le tour des garçons... Et le moine de Frà Diamante se promène les bras croisés dans ses manches devant les bancs, en articulant de sa voix magnifique :

— « I-o cre-do... »

Le portrait de saint François est placé assez haut dans le retable du maître-autel. J'attends que le Révérend Père gardien vienne lever le voile. Faut-il dire que c'est une déception? Cela, un ouvrage du XIII⁰ siècle, un portrait peint pour « frère Jacqueline »! Je ne le connaissais encore que par une estampe et j'avais mis mes doutes sur le compte du graveur : il pouvait se faire encore que l'original fût repeint. Mais non, c'est bel et bien un tableau des environs de l'an 1600, et c'est même pour cette raison qu'il est assez curieux.

Ce saint François en deuil, qui fait de la main droite un geste de pitié devant un objet invisible et se tamponne les yeux avec un mouchoir (un mouchoir au XIII⁰ siècle!) est le contemporain de Greco et d'Alonso Cano, des moines de Zurbaran qui nous poursuivent, à Tolède, à Valladolid, à Séville, de leurs regards extatiques et de leurs faces émaciées. C'est le saint François de la Contre-Réforme. La Renaissance en son âge d'or a peu de sympathie pour la figure du Petit Pauvre. Il a fallu, pour l'éclairer, de terribles déconvenues, vingt-cinq ans d'horreurs et de gâchis. Ce revenant qui reparaît avec sa corde et sa bure grise, ce va-nu-pieds à figure navrée signifie que c'est fini de croire à la joie de vivre. Il s'est produit alors (exactement comme à l'époque du *Génie du Christianisme*) un retour aux idées et aux légendes du moyen âge. C'est le début de cette enquête sur les origines chrétiennes à laquelle nous devons les monuments des Bollandistes, l'histoire de Luc Wadding. Le saint François de cette époque est le plus « historique » qu'on ait peint depuis les portraits d'Assise et de Subiaco : voilà son capuchon, son habit rapiécé, son petit collier de barbe rare. La peinture elle-même affecte une certaine gaucherie, une vertueuse sécheresse ; elle recherche l'expression de la spiritualité.

Tout cela éclate dans cette petite figure assez mal peinte, dans ce masque cerné d'ombres dures, dans ces grands enchâssements, dans la ride amère qui sillonne la joue, dans ce dessin ingrat, dans cette cuisse mal emboîtée : une peinture d'enseigne, chef-d'œuvre de quelque douanier Rousseau de ce temps-là. Ce qui intrigue, tout de même, c'est de savoir s'il y a eu vraiment alors, dans ces montagnes, un naïf, une espèce d'attardé ou de « primitif » du XVIIᵉ siècle pour peindre ingénument de cette façon maladroite et forte, ou bien si l'on est en présence d'une pieuse rouerie, d'une habileté qui se camoufle en ignorance ? Et alors, était-ce de bonne foi, par conviction et par archaïsme sincère, ou si la feinte n'est qu'une supercherie, un véritable *faux* fait par quelque roublard avec l'intention de tromper ? Je serais fort tenté de le croire : et la preuve serait justement l'invention de ce *pedigree* qui vient mêler ici le nom de Jacqueline (sans compter que le vrai tableau, qui a des chances d'avoir appartenu à cette dame, existe toujours à San Francesco a

Ripa). Et c'est ici que le faussaire montre le bout de l'oreille.

La grande relique de Greccio, c'est bien entendu la grotte de Noël, la petite cave de Bethléem où François, le 25 décembre 1223, fit aux pauvres gens du pays le sermon de la messe de minuit, et où eut lieu la vision que rapporte Celano. C'est autour de cette grotte que les premiers disciples, Léon, Rufin et Ange de Rieti, à qui est attribuée la *Légende des Trois compagnons*, creusèrent d'assez bonne heure leurs étages de *sepolcreti*. Ce village de pieux Troglodytes, cette sorte de colombier mystique a été conservé religieusement par les siècles, comme on met sous verre, à Pompéi, les peintures des boutiques et du *thermopolium*. Le couvent s'applique sur ce mur comme ces masques qu'on emploie pour protéger un espalier. Certaines parties remontent à saint Bonaventure, d'autres au temps de saint Bernardin. Aux antiques boiseries, le XVIIIe siècle a ajouté le tulle de ses ferronneries élégantes. Nul souci d'unité, aucune sorte de formalisme : l'ensemble a ce laisser-aller, cette fantaisie franciscaine qui tourne si vite en poésie.

La grotte se trouve près de l'entrée, à peu près sous le chœur de l'église où j'étais tout à l'heure, sorte de poche naturelle, de soufflure de la roche, comme celle que produit une bulle d'air dans une fonte, étroite, obscure et prenant le jour par un soupirail sur le couloir. Cette grotte a sa légende : le peuple veut toujours des miracles. Il faut savoir que le pays appartenait à un chevalier de Greccio, appelé Jean de Velita ; ce pieux seigneur donna la montagne à François pour y faire oraison. C'est le genre de cadeaux qui lui était le plus agréable. On voit encore, tout au sommet, une chapelle, pareille à un refuge de montagnes, construite à l'endroit où il se plaisait à méditer. Le bon chevalier avait coutume de lui porter lui-même un peu de nourriture. Mais l'ascension était pénible et le chevalier un peu poussif. Il pria le Petit Frère de condescendre à se percher un peu moins haut.

« Volontiers, dit François, à la grâce de Dieu! » On fait venir du village un enfant avec un tison. « Où le tison tombera, dit le saint, c'est là que je ferai mon nouvel oratoire. » Il pensait que ce serait l'affaire de quelques pas. A sa grande surprise, voilà le tison qui s'envole comme un trait de feu, franchit toute la vallée sur un espace de plus de deux milles, et vient frapper la roche au-dessus de la grotte; on voit encore distinctement la trace de la chute, le charbonnage d'une chose brûlée ou le sillon d'un coup de foudre.

Je ne referai pas le récit de la nuit de Noël, que tout le monde a lu dans Celano ou dans la *Vie* de saint Bonaventure. Une fresque du xv⁰ siècle, peinte au fond de la grotte, représente naïvement la scène à l'endroit où elle s'est passée. On y voit le saint à genoux, avec un beau surplis de diacre, les mains jointes devant le *bambino* emmailloté jusqu'aux épaules, comme une petite momie posée dans sa mangeoire; le célébrant et l'assistance, où l'on reconnaît au premier plan le dévot seigneur Jean de Velita, admirent le miracle. Cela ne vaut pas Corrège : et cependant, à cette place, je ne changerais pas cette image rustique pour le chef-d'œuvre.

Dans le riche écrin de la liturgie, il est permis aux saints d'avoir leurs préférences. Chacun choisit dans ce trésor. Il y a des saints de Pâques et des saints de semaine sainte. Entre toutes les fêtes de l'année, saint François nourrissait une prédilection spéciale pour la fête de Noël. Il l'appelait la fête des fêtes. C'était pour lui la lueur d'espoir dans l'angoisse de l'année, l'aube d'un nouveau cycle et d'un nouveau printemps; c'était la fête de la concorde, la fête des familles; c'était le jour où le ciel a épousé la terre, où la divinité a voulu prendre notre chair et, suspendue au sein d'une femme, boire le lait de la tendresse humaine. C'était tout ce qu'il aimait : la plus grande noblesse dans la parfaite misère, toute la gloire, toute la Pauvreté, en un mot, tout l'amour. Ces idées le jetaient dans les transports d'une joie qu'il aurait voulu partager avec les choses elles-mêmes. « Ce jour-là, disait-il une fois que Noël tombait un vendredi, je voudrais que les murs fissent gras, qu'on les graissât de viande, même à l'extérieur. » Il aurait voulu ce jour-là une liesse universelle : les riches régaleraient tous les pauvres, il n'y aurait pas un malheureux; les animaux eux-mêmes auraient double ration. « Si j'étais l'Empereur, disait-il encore, je ferais prescrire de répandre du grain sur toutes les routes pour les petits oiseaux, spécialement, ajoutait-il, pour mes sœurs les alouettes. » Trait de gentillesse toute franciscaine : saint François est le saint qui, dans son rêve de bonheur, n'oubliait pas les alouettes.

En 1223, à l'époque où se place cette scène, il y avait trois ans qu'il était rentré de Palestine. Nous ne savons malheureusement presque rien de ce voyage; il est même étonnant que Celano n'en ait appris aucun détail par les frères qui y étaient avec lui, tels que frère Illuminé et Césaire de Spire. Ah! que ce biographe était donc peu curieux! Mais le souvenir des lieux saints, qu'avait parcourus saint François, l'obsédait. Dans sa mémoire si vive, au fond de ses yeux brûlés du soleil de Syrie, il gardait ces images, ces vestiges de la vie et de la Passion de Jésus, dont l'empreinte, quelques mois plus tard, allait apparaître sur sa chair, au miracle de l'Alverne.

Il était descendu dans cette petite cave où une pauvre femme proche de son terme avait trouvé refuge près de l'étable des animaux, dans cette grotte étranglée où la terre gémissante, après de longs siècles de gestation, avait expiré son Sauveur. Peut-être le local, arrangé pieusement par les croisés, avec la grotte de saint Jérôme et la tombe de Paule et d'Eustochie, était-il à peu près tel que nous le voyons dans le tableau d'Utrecht qui montre des pèlerins en prières près du berceau de Bethléem : on y voit l'autel de la crèche et le lavabo des sages-femmes et le bain de l'Enfant Jésus. J'ai déjà parlé de ce sentiment qui portait alors le monde chrétien à se faire partout des *doubles*, une ombre des Lieux saints sentiment de l'exilé qui se console de l'absence par des objets qui lui rappellent le souvenir de la patrie. Dans ces pensées, la grotte fut trouvée par François ou lui fut indiquée par quelque paysan dans ses courses aux environs de Rieti ; et l'idée lui vint d'y répéter la scène qui avait frappé son imagination dans la grotte de Bethléem.

Un des traits singuliers du caractère de François, c'est le don dramatique. Cet instinct de la pantomime, ce sens italien du geste, qui transforme là-bas le moindre récit en spectacle et qui, pendant la semaine sainte, exige pour le sermon une estrade où le prédicateur se démène comme un bateleur, saint François le possédait à un degré remarquable, dont ses biographes nous ont transmis une foule d'exemples. Avec son imagination puissante, sa manière si vive de se représenter les choses, sa fougue l'emportait, il ne se possédait plus. La passion l'agitait au point qu'on l'aurait pris pour un danseur. C'est ce qui rendait impossible de noter ses sermons : l'impression restait profonde, mais on ne se souvenait plus d'un mot, ou bien les paroles semblaient avoir perdu leur sens. Il s'y jetait de toute sa personne; pour reproduire ces discours, cette éloquence à corps perdu, il aurait fallu des instruments que nous ne possédons pas, un *film* du geste et de l'accent.

Mais ce n'est rien auprès d'une faculté plus rare, d'un pouvoir dont il ne se doutait guère ou du moins qu'il ne savait pas nommer, parce que rien de pareil n'existait de son temps: un surprenant instinct du théâtre animait, sans que nul le lui eût appris, ce petit homme malingre et extraordinaire. Il avait le démon de l'action, ce que Voltaire (qui serait bien étonné de se voir en cette affaire) appelle le diable au corps. C'était une sorte de génie qui le poussait à chaque instant, par besoin de l'expression, à inventer des situations, des scènes hardies, piquantes, singulières, terribles qui secouaient l'assistance, la frappaient d'étonnement. On ne savait jamais ce qu'il allait faire, ce qui allait jaillir de ce moine toujours imprévu. Rien de moins prémédité, d'ailleurs. C'est le moins automate des hommes, les plus immédiat, le plus soudain, l'homme le moins esclave de la convention, le plus affranchi des lois de la nécessité : personne n'a eu peut-être à ce point la merveilleuse puissance d'échapper à toute espèce de routine, d'improviser sa vie et de l'inventer à mesure. Son histoire est une succession de trouvailles, une source d'actions originales, qui ne se répètent pas et surtout ne copient personne. Toutes nos existences se traînent dans d'assommantes redites : la part du mécanique, de la paresse, du déjà vu y est immense. Nous ne faisons que ramper dans l'ornière d'un chemin battu par des milliards d'êtres avant nous. Quand nous disons : « Je t'aime », ces syllabes qui nous émeuvent ont été usées sur les lèvres de millions d'amants. Seul le Petit Pauvre a l'air de vivre une existence qui n'a jamais servi.

Il avait le don d'organiser instantanément chaque idée, de la dramatiser, d'en faire un petit acte pathétique et de sens saisissant. Il n'était pas seulement l'homme qui monte sur la borne et soulève la foule : il savait l'intéresser par quelque chose de plus, par de petites saynètes, des bonheurs de dramaturge. Si j'osais me servir d'un mot qui implique un métier et des artifices qui lui étaient tout à fait inconnus, je dirais qu'il brûlait les planches. C'était un *shake-scene*, comme quelqu'un, par un mauvais jeu de mots, l'a dit de Shakespeare. Ses biographies sont pleines de ces épisodes, dont l'outrance ne laisse pas de choquer parfois notre goût : comme le jour où, déjà malade, ayant dû manger en carême un peu de poulet, il se fait traîner la corde au cou sur la place d'Assise : « Voyez le glouton, le tartufe qui se crève de volaille en secret!... » La scène se renouvelle à Poggio-Bustone pour un peu de cuisine au lard. Ces spectacles faisaient sur les foules une sensation profonde. Chaque jour, il inventait quelqu'une de ces scènes dont les objets familiers fournissent les éléments, scènes quelquefois muettes, comme le jour où, un frère lui demandant un livre, il lui donne de la cendre ou comme cet autre jour où, devant parler à Saint-Damien, il reste court, se fait apporter un plat de cendres, en répand sur sa tête, trace avec le reste un cercle autour de lui, se prosterne profondément et se retire sans dire un mot.

Cet instinct de la mise en scène donne lieu quelquefois à des scénarios plus développés : tel est, par exemple, l'épisode de la famille de neige, ou encore cette scène, la première de toutes, et qui reste son chef-d'œuvre, la grande scène où, devant l'évêque, en présence de tous, tel qu'il est venu au monde, il renonce à son père : « Vous m'êtes témoins tous que j'étais le fils de Pierre Bernardone. A présent je n'ai plus de père que notre Père qui est aux Cieux ! »

Une de ces scènes, qui faisaient de sa vie une comédie toujours nouvelle, se place précisément dans le petit réfectoire du couvent de Greccio C'était le jour de Pâques probablement en 1225. Les frères avaient cru bien faire de préparer ce jour-là un extra. François passe par hasard, voit du feu dans la chambre, sur la table une nappe et des verres : c'en était trop ! Il sort sans faire semblant de rien, trouve à la porte un mendiant, lui emprunte son bâton, enfonce son chapeau sur ses yeux et attend dans cet équipage la cloche du dîner : les frères avaient la consigne de ne jamais l'attendre à table. Comme ils commençaient leur repas, voilà que s'élève à la porte une voix pitoyable : « Ouvrez, mes frères ! Au nom de Dieu, la charité à ce pauvre pèlerin infirme et misérable ! » La porte ouverte, on imagine l'effet du coup de théâtre. Mais le saint comédien ne se contenta pas de faire une belle entrée. On lui passe une écuelle et il va s'accroupir humblement dans les cendres, et on l'entendait murmurer avec satisfaction : « Comme cela, je suis un vrai mineur ! »

Cette puissance dramatique, François a dû la posséder de très bonne heure : il avait le *don*, et il l'eut tout de suite, et ce fut certainement un de ses charmes les plus sûrs, l'instinct du créateur, cette faculté d'imaginer, de rêver l'existence, de la voir en beau et de la faire voir telle autour de lui, une imagination si forte qu'elle déborde sur ce qui l'entoure et oblige les autres à entrer, bon gré, mal gré, dans cette création à demi rêvée et plus belle que la vie. Tout jeune, à la tête de sa bande, il était déjà tel. Sans lui point de chansons, point de plaisirs sans lui. Il avait déjà ce prestige incompréhensible, la magie qui fait le chef et tire de chacun des prodiges. Il distribuait des rôles comme l'auteur d'un drame ou d'un roman, et on se sentait tenu de ressembler à l'image qu'il se faisait de vous. On devenait acteur dans l'espèce de fiction héroïque et romanesque où il entraînait tout son monde. On acceptait de lui des tâches impossibles, parce qu'elles lui semblaient naturelles. Jusqu'au bout, il demeura le même : la misère, les privations, les injures les avanies, tout semblait charmant et facile, puisqu'il le voulait ainsi. Il faisait la pluie et le beau temps. Généreux, attentif à tous, on l'aimait pour sa merveilleuse bonté. Mais sa vraie libéralité, c'est l'aumône qu'il faisait à tous par sa présence, le rayonnement de sa personne et cette illusion qu'on avait de valoir davantage, tant qu'on était dans sa lumière.

C'est ce qui donne à ces premiers jours de l'ordre franciscain cette allure d'escapade, cet air d'évasion, de vacances qu'on n'a plus guère revu au monde, et qui faisait que tous volaient à la suite de l'enchanteur. Des villages entiers, hommes et femmes, suppliaient qu'on les laissât abandonner leurs maisons, qu'on leur permît d'entrer en bloc dans la riante confrérie. Ce n'est pas pour rien que François appelait quelquefois ses frères des jongleurs : « Nous sommes les jongleurs de Dieu ! » Lorsque les premiers frères parvinrent en Angleterre, avec leur costume inconnu, leur corde, leur bonne humeur, on les prenait pour des bouffons ou pour des baladins et on leur fermait la porte au nez. Saint François, comme au temps où il étonnait Assise de ses fredaines et se faisait le boute-en-train et le prince de la jeunesse, avait réussi à communiquer à tout son monde sa toute-puissante flamme, l'espèce de délire actif qui le possédait, ce génie de spectacles, de représentations, cette turbulence comique ou tragique tour à tour, son art d'intéresser les foules et de les mettre de moitié dans tout ce qu'il faisait. Il apportait ainsi dans la vie un élément scénique d'une force incalculable. Pour me servir d'un mot dont on fait quelquefois un usage indiscret, c'était ce qu'on appelle aujourd'hui un animateur. Et ce côté public, un peu forain de sa nature ou de son « art », ce côté d'humour qui sent (si l'on veut) son tréteau, ce grain de folie sans lequel on ne fait rien des hommes, expliquent le prodigieux attrait qu'il exerça, l'élan avec lequel le monde donna dans sa chimère, l'aspect d'étonnante gaîté, de farandole que prend par moments cette cohue de pénitents ou, comme dit Renan, ce « carnaval de sainteté ».

C'est ce trait qui fait l'importance de la scène de Greccio. Le jour où, d'accord avec le Pape (ce qui montre qu'il sentait la nouveauté de son idée) François en régla le scénario, fit préparer la crèche, hissa jusqu'à la grotte le bœuf et l'âne, où il convoqua le public, s'habilla et lut l'Évangile, à minuit, devant les paysans, il savait bien qu'il faisait une chose extraordinaire. Grotte de Bethléem ! Petite étoile dans la nuit ! Il faut imaginer les choses à peu près comme la veillée du *Médecin de campagne*, un récit dans une grange à la lumière d'un fanal, faible lueur au milieu de l'amas des ténèbres, de la menaçante opacité des monts et de la nuit. C'est bien ainsi que les représente la fresque anonyme de la grotte, beaucoup plus touchante, à mon sens, que celle de Giotto à Assise. Parmi ces humbles, hommes terreux, ménagères sans idéal, race endurcie, faite aux rudes travaux dans la rude montagne, l'« acteur » se lève, il parle : il parle comme il faut pour se faire entendre des pauvres gens, il bêle ces syllables étranges de Bethléem, d'une mélancolie chevrotante et plaintive de là-bas; il conte la divine histoire de l'étable et la faible accouchée et les animaux cha-

ritables et la litière et le nouveau-né, fragile comme
un enfant des hommes, qui entre dans le monde
comme un sourire sur les lèvres, car jamais saint
François n'admit que la naissance de Jésus ait
coûté aucune peine à sa mère. et en nommant ce nom
de Jésus il se passe la langue sur la bouche comme
si c'était du miel. On ne s'étonne guère du miracle
qui suivit, lorsqu'un des assistants (qui était
Velita lui-même) vit, pendant ces paroles, un petit
enfant rayonner sur la paille. A ces pauvres gens
dans la nuit, le pieux jongleur venait de mettre un
dieu entre les bras.

On l'a dit, cette scène de Greccio fut en quelque
manière une seconde naissance du christianisme; et
le mot sous cette forme n'est pas sans une certaine
nuance d'exagération. Que fait-on, dans une pareille
vue, des cathédrales françaises, de la fleur de Chartres et de Senlis? Il serait absurde de réduire le
moyen âge à saint François : sa part est assez belle.
Mais le cadeau qu'il faisait au monde. à Greccio,
n'est pas loin de valoir celui des cathédrales. D'une
religion, qui depuis longtemps était surtout un
dogme, une magnifique construction intellectuelle, il
dégageait une masse nouvelle d'éléments drama-
tiques; il inventait une religion qui laissait là l'en-
tendement pour ne plus s'adresser qu'à la sensibilité Il découvrait. mettait à nu une source nouvelle,
le pathétique du christianisme.

On conserve dans le couvent d'autres menus **trésors** venant de saint François : sa chapelle de mis-
sionnaire, ces joujoux de cuivre qui ont fait peut-
être avec lui le voyage d'Egypte. l'ont accompagné
devant le Soudan. qu'il a peut-être posés sur l'autel
pour la messe là-bas, dans la grotte de la véritable
Bethléem, et qui sans doute servirent encore pour la

Noël miraculeuse, dans la nuit de Greccio; et aussi son oreiller, ou plutôt ce fuseau de bois, ce rouleau de pâtissier sur lequel il posait la nuque pour dormir et dont mal lui prit de vouloir le remplacer une fois par un oreiller de duvet, car le diable s'en mêla et se mit dans la plume, comme si ce fût un hérisson. Enfin, à l'autre bout du couloir du couvent, voici un petit observatoire, un balcon au-dessus de l'abîme, où l'on a l'impression d'être un peu suspendu comme dans la nacelle d'un ballon : c'est ici que Jean de Parme, le général « limogé » en 1257, au chapitre de Lyon, passa dans la retraite et la contemplation les trente-deux dernières années de sa longue existence.

Cet homme, une des lumières de l'ordre, modèle de vertu et de vraie pauvreté, qu'on voyait, étant général, se rendre comme le dernier des frères à la corvée de légumes, avait eu l'imprudence d'écrire une introduction aux œuvres de Joachim de Flore, d'où il résultait que le nombre 1260 étant le chiffre de la Bête (qui n'était autre que l'empereur Frédéric), marquait à la fois la date de la fin du monde, la mort de l'Antéchrist et l'avènement de l'Esprit, le règne de l'Evangile éternel. Beaucoup de franciscains partageaient ces idées exaltées. Elles avaient le tort de toucher à la fois à l'Eglise et à la politique. Violemment pris à partie par l'Université de Paris et par le rude jouteur qu'était Guillaume de Saint-Amour, mal soutenu par Innocent IV, Jean de Parme fut sacrifié et désigna pour son successeur saint Bonaventure.

Salimbene, qui le connaissait bien et qui avait donné comme tant d'autres dans les illusions joachimites, nous rapporte sur son séjour dans l'ermitage de Greccio des traits qui semblent des pages égarées des *Fioretti*. Un couple d'oies sauvages vint se

nicher sous la grotte du solitaire, et les petits de
ces créatures farouches recherchaient ses caresses.
Un matin le clerc qui lui servait la messe se rendor-
mit et arriva dans l'oratoire avec beaucoup de retard;
la messe s'achevait. « Quelle messe tu m'as servie ce
matin, mon fils! lui dit l'ermite, quand sonna l'heure
de rompre le silence; il me semblait que le Seigneur
me comblait de délices. » A ces mots, le clerc rougit
et confessa sa négligence; mais qui donc avait pris
sa place? Ce n'était pas un des frères, et il ne se
trouvait nul étranger dans la maison. « Je l'ai pris
pour toi, dit l'ermite avec simplicité. Qui que ce fût,
béni soit-il, et béni soit Dieu dans tous les dons qu'il
lui plaît de nous faire! »

Cela est beau. Comment ne pas songer, devant ce
paysage, au vieillard qui n'en eut pas d'autre devant
les yeux pendant trente ans et refusa d'y descendre? Quelles pouvaient être, sur son rocher, pendant l'espace d'une vie d'homme, les pensées du
grand joachimite désabusé? Comment comptait-il
les jours, après que l'année fatidique lui montra le
néant de ses chimères et que le monde continuait
encore? Transporta-t-il au delà de l'horizon de la
vie, dans la voûte du ciel, au-dessus du plan où se
forment et se défont les nuages, ses rêves d'une Eglise
plus parfaite et d'un Evangile éternel? A quoi son-
geait dans le vide des jours, sur son rocheux observatoire, dans une immobilité de fakir, cet héroïque
descendant des stylites? Que disait-il dans le silence
en caressant l'oiseau sauvage? De quel message le
chargeait-il pour le monde ou pour le ciel? Vit-il se
peindre au fond des nues une nouvelle forme de ses
visions ou, regardant du côté de Rome par-dessus
les montagnes, vers le lointain ermitage de Flore,
vers Capoue où un duc d'Anjou avait succédé à
l'Antéchrist, pour voir son royaume s'écrouler dans

le sang des Vêpres siciliennes (car Jean vécut assez pour connaître ces nouvelles), apprit-il que la vie est le songe d'une ombre?

Une grande majesté s'attache à ce dédaigneux silence, à cette retraite monumentale. Et cependant, que nous enseigne-t-elle? A l'admiration pour le noble vaincu de 1257, se joint le sentiment de l'insignifiance de sa querelle. L'écho d'une dispute de docteurs ne nous touche plus guère : pas un mot de tout ce bruit n'a traversé les âges. Et le sermon de Greccio retentira dans les cœurs aussi longtemps qu'il y aura des hommes et une famille chrétienne, aussi longtemps que la tendre histoire de la naissance de Jésus continuera de toucher les âmes et que des petits enfants s'agenouilleront ravis autour des bonshommes en bois peint d'une crèche de Noël.

CHAPITRE V

UN VILLAGE DE MONTAGNES

L'auto de Cantalice, — un de ces autos qui commencent à transformer ces petits pays perdus d'Espagne et d'Italie, oubliés loin des grandes lignes par le chemin de fer, — continue à filer vers l'est à vive allure, et se met à ronfler en attaquant la côte, où j'écoute le bruit de son moteur aller et venir le long des lacets de la rampe, avec un bourdonnement de hanneton dans un bocal. Je demeure au carrefour, où manquent par malheur les maisons et les serviables poteaux indicateurs de nos bonnes routes françaises. Enfin, deux paysans endimanchés s'approchent avec des feutres à rubans comme en portent nos gars bretons.

— *Poggio-Bustone, per favore?*

Ils m'indiquent poliment un village là-haut, très haut perché dans la montagne, dans la direction du nord, un village que j'ai peine à distinguer à deux bonnes lieues d'ici, au milieu des roches incolores qui l'entourent, et qui ressemble lui-même à une roche un peu plus poreuse, ou plutôt à un nid de guêpes accroché à une cheminée.

— « *Viene Lei per San Francesco?* » ajoute en souriant celui des deux qui a pris la parole. Et il tire de sa poche un paquet d'images de première communion, à franges ondulées, où une chromo représente la vision du saint, avec une prière au verso. Il y a tout de suite dans cet abord une nuance d'intimité qui charme. C'est toujours la *buona gente* du temps de saint François. Il semble que le saint est encore là tout près, comme quelqu'un du pays, et qu'il accueille ses amis et les amis de ses amis.

Des quatre ermitages de la vallée de Rieti, Poggio-Bustone est le moins accessible et le moins fréquenté. Il n'a pour lui ni la gloire d'une scène fameuse ni celle d'une œuvre d'art célèbre. On n'en rapporte guère qu'un des épisodes les moins connus de la légende. Je tenais pourtant beaucoup à faire ce pèlerinage, tout simplement peut-être parce qu'il est un peu délaissé.

Poggio-Bustone se trouve au nord de la vallée, à l'est du cours du Velino qui la partage en deux dans sa longueur, presque en face de Greccio et dans un enfoncement à peu près symétrique. Le village s'appuie au massif principal de l'Apennin, qui de ce côté est de la vraie montagne, avec des sommets qui dépassent deux mille mètres d'altitude dans la chaîne des monts Terminilli. La brume de la journée d'hier s'est dissipée. Aujourd'hui, la matinée est tout à fait brillante. Sur les cimes les plus hautes, les nuages de la veille ont laissé une neige éclatante. La vallée qui rit au soleil avec ce bord étincelant rappelle ces grès du Japon où l'émail onctueux déborde du col comme de la crème.

La route traverse des cultures, des champs, des labours, des coteaux heureux où l'on voit une ferme entre des arbres, et où s'enfoncent des chemins creux. Campagne aimable dans son noble cirque de montagnes, comme un tableau dans un beau cadre, une bucolique de Virgile.

Un groupe de maisons sans ordre, comme un troupeau à l'abreuvoir, c'est le hameau de Pié di Colle.

Et alors une heure de grimpette par un sentier de chèvres, parmi les oliviers, une heure de grimpette à pic jusqu'au village qui nous surplombe, pendu aux cintres du décor, le village tassé et noir, dont on voit maintenant se préciser les formes, se dessiner les rangées de toits dans sa masse en chapeau de champignon, feuilletée comme un gâteau de bouse sèche. Etrange idée pour des humains d'aller se nicher là, en dehors de toute espèce de route, de s'obliger à un voyage pour descendre dans la plaine, et à une ascension pour revenir chez soi!

Entre tous ces *castelli*, entre toutes ces gueuses si fières juchées sur ces montagnes, et qui battent, soit dit en passant, tous les gratte-ciels de Manhattan, Poggio-Bustone est la plus fière et la plus gueuse. J'ai demandé en vain ce que signifie ce nom héraldique, comme ces noms de grandes familles tombées dans la misère. Poggio, c'est le Puy, un village dans les hauteurs. Mais Bustone résiste aux étymologistes. Le vieux *castello* défend son secret. Il garde son orgueil sous sa décrépitude.

Un palier en balcon, d'où partent deux ruelles grimpantes, sert de place : une fontaine aux armes d'un pape verse son cristal et sa musique. Encore un village né d'une nymphe, au bord d'une source, un de ces villages où les femmes descendent à la fontaine et remontent, d'un pas cadencé, leur cruche sur la tête : la déesse dispense la vie et ajoute en présent de noces pour les filles le rythme lustral et la beauté.

De la fontaine jusqu'à l'église, qui domine la contrée de son petit campanile, il y a bien cent mètres d'escalade, dans des venelles impossibles, à mine de torrents à sec : tout le village a l'air d'une charretée de pierres, ou encore d'une chose en relief, gravée à l'eau-forte dans une dalle. Tout l'humour italien, tout son dédain des conventions respire dans ce village, avec les effets brusques, la noire grandeur de Piranèse.

Sur le parvis où l'église se perche comme un coq au dernier échelon du poulailler, je me retourne, je m'oriente : deux montagnes, le mont Rosato et le mont Ceresa, se soudent à ma gauche par un angle tourmenté et forment les flancs d'un grand ravin de pelure rousse et d'aspect sauvage. A l'issue de ce ravin, bien à l'abri des vents du Nord, s'adosse le village. Prix charmant des hauteurs : toute la plaine se déroule suspendue dans un seul regard comme des fruits dans leur corbeille, sous une molle vapeur, le léger duvet de la prune ; des lacs tendres, aux bords indécis, ces lacs dont j'entendais hier, sans les voir, en descendant de Greccio, le coassement nocturne, restes du grand lac qui occupait le fond de la vallée, lacs aimés de François, lacs de la tanche et de la poule d'eau de la légende, avec leurs noms de lac *Lungo*, de *Ripa Sottile*, semblent de beaux regards dans un calme visage. Voici l'idylle, voici la paix, la moiteur des campagnes : Limagne agricole, riche Cérès, présent de la sainte pauvreté des montagnes.

La messe sonne : c'est Pâques Fleuries, qu'on nomme ici le Dimanche des Palmes. Tout le village y monte, hommes et femmes : de mon parapet au bord de la place, je les vois sortir à la queue-le-leu comme d'un puits, les chapeaux bretons, les foulards d'indienne, les fichus, les mouchoirs. Et il en vient toujours ! Tout cela s'entasse en ordre dans la petite église baroque et toute blanche, où le jour allume des ors : dans la nef, les fichus, les mouchoirs, les foulards font un champ de pavots ; les hommes se massent, groupe noir, un genou en terre, dans le transept ; la marmaille se colle en avant, à la table de communion. Composition parfaite : cela s'ordonne comme dans les fresques, dans l'*Héliodore* ou la *Messe de Bolsène*, c'est le même équilibre, les mêmes modèles, les mêmes gestes. Le tableau est tout fait, le peintre n'a eu qu'à prendre. Et cela remue, et cela jacasse ! Tout à fait comme chez soi, mon Dieu ! et c'est charmant. Parfois (toujours comme dans les fresques) une des Vierges de Raphaël assises là sur leurs talons se lève à demi sur ses genoux et allonge, du bout de sa palme, une correction à son moutard. Avec la chaleur, le bruit augmente. Alors, quand on ne s'entend vraiment plus, il faut que le curé, dans ses habits pontificaux, plante là au beau milieu sa messe et son calice et, à la joie des enfants de chœur, exécute une charge sur la marmaille pour ramener un peu d'ordre en distribuant quelques taloches.

Excellent *parroco !* Qu'il se soit permis d'écrire ici votre nom avec un respect attendri, ô vénérable don Erminio Bove ! Vous ouvrîtes largement à l'inconnu de passage votre cœur et votre hospitalité ; vous le reçûtes comme François l'eût fait dans l'ermitage franciscain. Sous votre rude écorce et votre vieille soutane, j'ai deviné l'âme si noble qui vous rend cher à votre troupeau. Un de vos amis m'a conté votre histoire, cher Jocelyn de la Sabine : pardonnez-moi de vous trahir et de la répéter ici, car vous n'en saurez rien, et je n'en connais pas de plus vraiment franciscaine.

Je sais qu'avant d'être pasteur du peuple de ces montagnes, vous gardâtes d'autres ouailles sur les collines des Volsques et au pays de Palestrina. Mais déjà vous brûliez de l'amour des hommes et vouliez paître les brebis de Dieu. Cependant, avant d'y songer, il fallut que l'orphelin payât les dettes paternelles : l'enfant ne voulut pas entrer dans la maison du Père en laissant derrière lui les dettes du foyer, ni apporter à Dieu une tache sur son nom humain.

A seize ans, le jeune pâtre put enfin réaliser son rêve et entrer comme frère lai chez les Prêtres de la mission. On le chargeait du catéchisme dans les paroisses pauvres. Un jour il en vit une si pantelante, si déguenillée, si misérable, que son cœur s'émut de pitié : il n'eut plus qu'un désir, être desservant de cette paroisse, y rallumer devant l'autel la flamme du sanctuaire. Ne vous avais-je pas dit que c'était une vie franciscaine? Seulement, pour cela, il fallait être prêtre, et le séminaire coûte cher. Comment réunir les douze cents lires que représente la dépense? L'ancien berger s'avise d'un stratagème romanesque. Quatre personnes de son village reçoivent le même jour quatre dépêches ainsi conçues : « Trouvez-vous à tel jour à la porte du couvent des Capucins de Paliano. » Les quatre amis méfiants (les dépêches étaient anonymes) redoutaient quelque piège. Ils conviennent cependant d'aller au rendez-vous sous un prudent déguisement. Le jeune homme attendait avec l'impatience d'un amant. L'imbroglio s'explique sans peine, et si heureusement qu'au lieu de quatre souscripteurs, ce bon tour de l'ancien pâtre lui en valut une douzaine.

Ce n'est pas la seule aventure que rencontra le jeune prêtre. Les gens du monde croient trop souvent qu'ils ont le monopole de l'intérêt dans l'existence. L'histoire d'Erminio Bove est la preuve qu'ils se trompent. Les traverses ne lui manquèrent pas, non plus que les bonheurs imprévus, les épreuves ni les amertumes, que le bon Dieu n'épargne pas à ses serviteurs, ni les joies qui sont la récompense des justes. Aujourd'hui, don Erminio, quinquagénaire robuste, arpente d'un pas de montagnard les chemins de son petit royaume; ancien élève du séminaire de Rieti, il est depuis vingt ans curé de Poggio-Bustone, dont il enterre les vieux, marié les jeunes et baptise les petits, en attendant de retrouver les premiers au cimetière et de précéder les seconds au ciel, dont il leur montre le chemin.

Après la messe, don Erminio vient me chercher dans l'église et, par un escargot de pierre, me fait entrer dans sa cuisine : une belle chambre à solives, toute blanchie à la chaux, comme passée à la neige, avec des carreaux, comme on dit, d'une netteté à manger par terre. La table est mise avec une nappe, quatre couverts d'étain et de gros verres à forme de gobelets ; le soleil de midi qui entre à flots par la croisée fait quasi mal aux yeux, avec cette limpidité exagérée de la lumière des montagnes, où il reste toujours des diamants et du cristal.

Les deux couverts de supplément sont ceux des femmes du logis : une vieille parente édentée avec une croix d'or sur son fichu, et sa fille, jolie boiteuse à chignon noir, qui sautille dans la maison comme une pie désailée, et montre en bavardant des dents blanches dans une bouche romaine.

On place l'hôte au haut bout, devant une montagne de *minestra* fumante. Le *Padre* bénit la table et rajuste sa barrette. Les femmes ne s'asseyent pas. Elles voltigent autour de la table, l'une plus lente, l'autre plus vive, remuent la poêle, changent les assiettes, remplissent la cruche, font mille tours et attrapent à la volée une bouchée par-ci par-là, sans cesser de remplir la pièce de leur caquet de Transtévérines. Suivant la mode patriarcale qui n'est plus conservée que chez les paysans, la cuisine et le repas se font dans la même pièce : on ne fait qu'un feu dans le ménage. Ce feu, qui sert à cuire les aliments et à réjouir la maison, est naturellement un feu de cendres : elles se consument doucement sans jeter aucune flamme et répandent leur odeur de soude et

de bruyère avec le rayonnement de leur cœur amorti.
L'eau tiède pend dans le chaudron de fonte au bout de
la crémaillère. Une poignée de sarments fait bientôt
jaillir une flambée. Les divinités du foyer sont assises
dans l'âtre, avec les Lares domestiques. Chacune
d'elles conserve sa personne distincte; l'eau ne se tire
pas d'un robinet, elle se verse d'un de ces vases qu'on
remplit aux fontaines, ces beaux vases de cuivre qui
se prennent à deux mains par leurs anses de laiton
pour répandre de leur bord évasé une nappe fraîche
comme une feuille liquide: fonction rituelle, qui exige
le concours d'un ensemble harmonieux de mouvements séculaires et qui, à la dignité des choses,
ajoute la beauté du geste et, à la noblesse de servir,
la grâce de la servante.

Cependant le curé m'entretient de son village :
pauvre, pauvre village, presque sans métiers, sans
travail, sans ressources pour ses trois mille âmes; la
plupart s'échappent dès qu'ils peuvent, population
flottante, tribu de *braccianti*, sans autre bien que
leurs deux bras qu'ils s'en vont louer au loin, quelquefois jusqu'en Amérique. Beaucoup ne reviennent
plus; ils ont goûté de la ville, achètent une boutique,
se fixent à Rome, à Naples. D'autres cependant,
de ces émigrants, ne rêvent qu'une chose qui est de
revenir avec leurs quatre sous finir loin des affaires
dans leur coin de montagnes. Ils conservent la nos-
talgie de leur vieux nid de guêpes, au bord de leur
ravin, près de l'ermitage du *Santo*.

Mais voici qu'au milieu du repas, on entend une
voix au bas de l'escargot. « Hé! c'est la Marguerite! » Et voilà la Margot qui entre et salue le *signor
parroco* : elle tire de dessous la serviette de son
panier une assiette de farine, la fine fleur du grain
que je voyais moudre tout à l'heure en passant

devant le moulin (un antique moulin dont la meule tourne par un cheval).

— Grand merci, Marguerite. Boiras-tu quelque chose? Comment va ton mari?

Marguerite refuse et s'éclipse avec une révérence. Puis c'est le tour de la Suzanne et de la Catherine, et toute la séquelle des matrones du village qui se suivent, font le même plongeon et tirent du même panier des œufs, du lard, quelque poulet, acceptent par politesse un doigt de vin « à la santé de Monsieur le curé », et se retirent avec les souhaits des deux femmes... Voilà donc ce monstrueux impôt qui fait frémir nos Jacobins? Cette cordialité, cette déférence, cette aumône d'un pauvre peuple à son pauvre curé, c'est la Dîme! J'ai encore vu de mes yeux ces mœurs des vieilles paroisses, cette famille, cette noblesse, ce sourire de la bienheureuse Pauvreté.

Mais n'est-il pas à craindre que ce ne soit plus pour longtemps? Peu à peu, tout cela s'en va. Les filles s'envoleront les premières, et combien de gars du village entraîneront-elles dans le vent de leurs jupes trop courtes? Ceux qui reviennent ont beau faire, ils ont vu d'autres pays, des villes où l'on n'a qu'à tourner une manette pour allumer le gaz, et où les femmes depuis longtemps ne descendent plus à la fontaine; des villes éclairées le soir, où il y a des boutiques, du mouvement, des théâtres, où le plaisir ne tient pas entre l'église et le foyer, entre la cloche du baptême et celle des funérailles. La tentation est trop forte. Il meurt doucement, le vieux *castello* : il meurt à petit feu, comme les cendres dans l'âtre. La montagne glisse à la plaine et bientôt il y aura dans le monde, à la place d'un village de pauvres, quelques malheureux de plus, un peu plus de misère et de banalité.

CHAPITRE VI

LE PÉCHÉ DE SAINT FRANÇOIS

Poggio-Bustone n'a dû guère changer depuis le temps de saint François. Son ermitage est le premier que le Bienheureux ait adopté dans la vallée de Rieti. Il le découvrit en 1209, dès le temps de sa première mission. Il y revint plusieurs fois, et c'est là qu'il a eu la curieuse vision qui va nous occuper.

Comme à Greccio, il y a ici un ermitage et un couvent. A dix minutes du village, en s'enfonçant vers le cul-de-sac du ravin, sur une sorte d'ergot, de saillie de la roche, — un *scoglio*, comme on dit ici, — qu'on prendrait pour la première pile de quelque pont écroulé, comme celui de Narni, le couvent de Saint-Jacques est bâti au milieu du gouffre: j'incline à croire que le Bienheureux le fonda peu après son retour de Compostelle.

L'ermitage se trouve sur la crête, qu'on gagne depuis le couvent en une demi-heure par un raidillon très rapide. La roche affleure de tous côtés; la montagne n'a vraiment que la peau sur les os, et même la peau a plus d'un trou. Le grès, délité par les pluies, affecte des profils bizarres : ce sont des dents de scie, des crêtes de coq, des dessins de flammes. Une fantasmagorie étrange anime de son sabbat le désert de cette solitude que tourmente un vent éternel. Il n'est pas étonnant que la légende s'y soit plue. On montrait autrefois dans la pierre l'empreinte des coudes et des genoux d'un homme agenouillé : c'était le prie-Dieu de saint François. Tout près de là, une sorte de fantôme gigantesque était le spectre pétrifié du diable. Plus loin, le rocher présentait une espèce de pupitre formé de deux plans inclinés : c'était le bréviaire du saint, et il offrait, dit-on, la dimension exacte du bréviaire original que l'on conserve à Saint-Damien. La piété populaire a fait disparaître ces singulières reliques à force d'en emporter des miettes. Au temps d'Antonelli, qui décrit en 1635 les curiosités de la vallée de Rieti, il n'en restait déjà plus trace. J'aime autant ce folk-lore que le pédantisme de plus d'un critique.

C'est là que se passa un épisode très mystérieux de la vie de François; les faits remontent au printemps de l'année 1209, lorsque le Bienheureux, au début de sa carrière, avant même de songer à écrire une règle, avait envoyé les premiers frères (ils n'étaient encore que six) pour convertir le monde. Il s'était réservé la vallée de Rieti. Voici la scène telle que la rapporte Celano.

« Le saint ne cessait de s'étonner des grâces dont le comblait la divine miséricorde, et suppliait le ciel en retour de lui faire connaître les moyens de s'en rendre digne. Un jour, retiré suivant sa coutume dans une solitude, prosterné en présence du Maître de l'univers, il repassait en son esprit, avec grande amertume et grande angoisse, le temps perdu et le mauvais usage qu'il avait fait de sa jeunesse, ne cessant de répéter : « O Dieu! ô Dieu! ayez pitié de moi, pauvre pécheur. » Comme il redisait pour la centième fois ces paroles, voilà qu'il se sent tout à coup inondé de délices. Ravi hors de lui-même, soulagé du poids de détresse et de crainte qui lui pesait sur le cœur, *il connut tout à coup, avec une certitude intime, que ses péchés étaient pardonnés.* Alors il respira : la confiance revint avec la grâce. Cette révélation fut suivie d'une extase où, absorbé dans un flot de lumière surnaturelle, et doué pour un moment d'une intelligence plus qu'humaine, son regard pénétra bien loin dans l'avenir. Revenu à lui, le saint ne se reconnaissait plus lui-même. »

On sent que nous entrons ici dans un domaine redoutable, sur le bord des abîmes. De quelle main, de quelle âme approcher ces secrets du cœur ? Qui sommes-nous, pour être si hardis que de toucher à l'Arche, profaner de nos curiosités, effleurer même du regard le mystère des saints ? Mais ces saints furent des hommes, ils ont pitié de nos faiblesses. Pardonne, ô Père, ce que je tremble d'écrire, avec amour et avec piété.

Ces fautes de son passé, qui lui brisaient le cœur, ces crimes dont le souvenir l'accablait et qu'il expia jusqu'à la mort par une si âpre pénitence, étaient-ce donc de si grands crimes ? C'est dommage que les biographes nous renseignent si peu sur ses jeunes années. Que quelques anecdotes, quelques *petits faits vrais,* seraient ici les bienvenus ! Ne restait-il donc plus, au temps de la mort de François, aucun témoin de sa jeunesse, ou ceux qui demeuraient n'osèrent-ils plus parler, de peur d'irriter un *tabou ?* Celano laisse tout entendre et ne dit rien ; sa phraséologie pompeuse nous désespère. On a toutefois l'impression que le pieux rhéteur, sans rien articuler de précis, en laisse soupçonner plus qu'il n'y en a, et qu'il manifeste pour la vie mondaine de François une horreur bien surfaite, et dont il est bon de rabattre.

Sabatier, sans prendre au tragique ces insinuations, admet que François a été jeune et qu'il a commis les péchés des jeunes gens. Si cela était, il n'y aurait pas de quoi se voiler la face; tout le monde sait que de grands saints ont été de grands pêcheurs. L'immense dévotion de François pour sainte Madeleine pourrait, à la rigueur, souffrir cette interprétation. D'autre part, Barthélemy de Pise rapporte une tradition attribuée à frère Léon, lequel aurait eu une triple assurance de la virginité du saint : sa confidence personnelle, une vision et une voix céleste. Cette tradition, il faut l'avouer, offre peu de garanties. Le livre de Barthélemy, si précieux à tant d'égards, est écrit selon un système de parallèle avec l'Evangile et fourmille de fables qui ne soutiennent pas l'examen. J'ai bien peur que la vision de frère Léon ne soit de celles-là.

Et pourtant, si l'on ose formuler une opinion en ces sortes de choses, il me semble que, s'il y avait quelque part une *puella*, une *ragazza* quelconque dans la vie de François, cela se saurait. Nous le savons pour tant d'autres, qui n'en sont pas de moins grands saints. Nous le saurions par lui-même : il n'aurait pas manqué cette occasion de se punir et de s'humilier. Je sens toute l'indécence d'insister, de remuer ces questions délicates. Croit-on cependant que les mœurs aient tant changé en Italie, qu'une intrigue fût chose facile à cacher, au temps de François, dans une petite ville? Les familles étaient-elles moins jalouses de l'honneur des femmes, les filles moins sévèrement gardées? Quant aux personnes faciles, j'ignore si leur troupe était nombreuse dans Assise : mais je gagerais bien que François Bernardone ne regardait guère de ce côté. S'il soupirait, au temps de ses chevaleries, c'était pour quelque châtelaine ou plutôt pour quelque chose de plus lointain encore ; s'il aimait, c'est sans but et sans forme précise. Nul objet mortel ne fixait ses songes. Il était amoureux de l'amour.

Au petit couvent de Saint-Jacques, on voit dans les lunettes du cloître une curieuse vie du saint, peinte par un artiste du XVIIᵉ siècle. Ces scènes, presque toutes fabuleuses, montrent une décadence fâcheuse de la légende. Deux d'entre elles se rapportent aux tentations de la chair. L'une est le miracle des roses, qui n'est pas malheureusement d'une authenticité assurée : les premiers biographes n'en disent mot, et il est certain que ce trait se trouve dans la vie de saint Benoît. La seconde scène est tirée de Barthélemy de Pise, qui la rapporte en deux endroits, en la plaçant dans des circonstances différentes. Le vieux compilateur raconte donc comment le sultan (ou l'empereur Frédéric), voulant éprouver saint François, lui envoie une femme d'une grande beauté ; l'homme de Dieu feint de céder avec empressement aux désirs de cette créature. « Viens, s'écrie-til, approche, mon amour, viens partager ma couche. » A ces mots, il se déshabille et se jette dans le feu (qui ne lui fit aucun mal). La fille se convertit. Le peintre représente avec candeur cette Orientale en grand costume La Vallière, au moment où, soulevant sa jupe, elle détache, sur une jambe ronde, une jarretière bleue, et aperçoit avec surprise son étrange partenaire assis sur des charbons ardents.

Cette historiette n'est pas seulement un conte : c'est un contre-sens, une faute de goût. Ces triomphes ostentatoires n'ont rien à voir avec saint François. Il dit bien quelque part que les femmes sont comme le feu : qui s'en approche s'y brûle. C'est tout ce qu'il y a de positif dans cette anecdote. Mais un tel récit hurle avec ce que nous savons de François. Les courtisanes, c'est un trait de la vie de saint

Benoît (qui ne connaît, à Monte-Oliveto, la fresque de Sodoma?), c'est un trait de saint Dominique, ce n'est pas un trait de saint François. C'est une fausse note, une erreur de psychologie.

Celano nous raconte une tentation dont il souffrit beaucoup dans les débuts de sa conversion. Le diable lui imprime dans le cœur l'image d'une horrible bossue qu'on voyait dans Assise, toujours tournant, comme ses pareilles, à la porte des églises. Le cauchemar de cette affreuse vieille le poursuivait : « Si tu continues, ajoutait le démon, voilà ce que tu deviendras » : c'est-à-dire un objet de dégoût, un cagot, un crétin. On saisit la nuance : c'est une tentation d'orgueil, nullement de sensualité.

L'ambition, l'orgueil de la vie, le dédain, l'amour-propre, les vanités, la gloire, oui certes, ce furent là des péchés de François Bernardone : mais jamais rien de vil, jamais une grossièreté.

Sans doute, il a subi souvent des bourrasques des sens. Avec sa grande imagination, la puissance plastique de son génie, ces rafales ne pouvaient manquer d'être cruelles. Cependant, il conserve dans l'expression une pudeur, je ne sais quoi de chaste qui semble impliquer le respect de l'amour. Il arrive souvent à l'éloquence chrétienne de bafouer la chair, de passer en amertume et en violence de sarcasme les plus cyniques des peintres profanes. Sur ce point, François n'est pas moine. Jamais il n'humilie la femme : jamais il n'a pu prendre sur lui de la traiter en ennemie. Il ne lui échappe jamais pour ses misères un mot de mépris. Elle reste la sœur. Dans cette grande épreuve qui le tourmente à Sartiano, de quoi rêve-t-il? D'une famille. « Je pourrais encore avoir des enfants », disait-il. Un jour, tombant de fatigue auprès de Bevagna, il fut secouru par une dame de la ville et sa fille, qui s'empressèrent pour le ranimer.

Il ne leva pas les yeux sur elles. « Pourquoi, lui dit son compagnon, n'as-tu pas daigné regarder cette sainte fille? — Ah! dit François, qui ne redouterait de jeter un regard sur une vierge du Seigneur? » Il y a dans tous ces traits, qu'il serait aisé de multiplier, quelque chose de virginal, la pureté de cygne de la « famille de neige ». Pour tout dire d'un mot, quelque chose de chevaleresque.

Cette chevalerie, où se peint-elle mieux que dans les rapports de saint François avec les femmes auxquelles il fit une place dans sa vie, les seules dont il connût le visage (et, j'imagine, une autre encore: il est étrange qu'il n'ait jamais dit un mot de sa mère), — « frère Jacqueline » et sainte Claire? Sans doute, nous ignorerons toujours de quelle nature plus rare que le diamant furent les sentiments qui unirent ces cœurs incomparables : ce qu'en racontent les *Fioretti* peut être taxé de légendaire. Jamais François, en parlant à Claire, ne se permit de prononcer son nom. Il ne faudrait pourtant pas croire que les âmes héroïques ne sont pas des âmes passionnées: leurs passions ne sont même pas faites d'une autre ardeur que les nôtres, mais les éléments qu'elles brûlent sont d'un encens plus pur, et le langage humain n'a pas de mots pour le nommer.

Il est donc difficile de nous représenter, avec nos imaginations grossières et sensuelles, quel pouvait être ce péché qui causait à François une douleur si insupportable, et dont il ne se sentit purifié que par un miracle intérieur.

Ce qui l'accablait, en vérité, c'est d'avoir si long-temps aimé ou cru aimer autre chose que Dieu. Mais cette énigmatique histoire de péchés pardonnés, ce trouble de l'âme dans les commencements d'une grande œuvre, ce noble tourment de l'homme qui doute et se demande : « Mon Dieu! Suis-je assez pur? Ton serviteur, Seigneur, est-il digne de servir? », ce *Confiteor* du prêtre au pied de l'autel, du soldat avant le sacrifice, ce sentiment de veillée d'armes me forcent à évoquer un autre souvenir.

Tout le moyen âge a rêvé de pardon. L'idée du mal obscur, de notre intime faiblesse, de nos défaillances répétées, de nos manquements, du *manque* infini qui subsiste entre ce que nous sommes et ce que nous pourrions être, l'idée de notre impuissance à faire notre salut, l'ont pénétré de tristesse : il n'y avait de compensation à cette lacune de notre nature, que dans un autre infini qui est celui de la bonté de Dieu. Point de légende plus populaire que celle de Théophile, qui avait vendu son âme au diable et que la Vierge vint délier de ce marché. Mais il y a quelque chose de pis que le péché éclatant: c'est le péché *rentré*, le péché d'habitude, incrusté dans notre être, le péché qui se cache, quelquefois à nous-mêmes, et que nous n'avons pas le courage de regarder en face, ou que nous ne nous avouons pas, faute de nous connaître assez bien.

C'est le pardon d'un tel péché qui fut accordé à Charlemagne. L'histoire est par malheur confuse; il en existe plusieurs variantes. Une des plus connues est celle de la *Vie de saint Gilles*, et il n'y avait pas, au temps de saint François, un pèlerinage plus célèbre que celui de ce grand ermite : lui-même n'a pu manquer de s'y arrêter sur le chemin de Compostelle. L'Empereur, raconte la légende, avait fait un grand péché, un péché qu'on ne peut pas dire. Lequel? Un inceste, disent les uns; un charme, disent les autres, rendait Charles fou d'une maîtresse: morte, il ne pouvait s'en détacher. L'Empereur recourut à Gilles dans sa détresse. Ici, la légende varie encore. L'ermite voit le trouble de Charles, et ne fait rien pour le pénétrer. Il se contente de la prière. Un matin qu'il disait la messe à Orléans, où il se trouvait avec l'Empereur, un ange pose sur l'autel une lettre scellée, qui contenait l'aveu que Charles ne pouvait faire ; d'autres disent que l'ange montra l'écrit au bienheureux et en effaça les caractères, à mesure que celui-ci récitait ses prières.

On aime à se figurer que saint François connaissait cette légende, très répandue en Italie. Comment cet enfant des trouvères, à la veille du combat, n'aurait-il pas demandé à Dieu la grâce de la miséricorde, l'espèce de blanc-seing octroyé au grand Empereur ? Comment, au moment d'entreprendre sa croisade, n'aurait-il pas exhalé le grand cri de Roland, le grand appel de sainteté dont semble retentir encore la solitude héroïque de Poggio-Bustone :

> *Guaris de mei l'anme de tuz perils*
> *Pur les peccbez que en ma vie fis! (1)*

Aujourd'hui, le couvent de Saint-Jacques est fermé. J'y rentre pour un nouvel adieu avec la clef que Don Erminio m'a confiée. Du dehors, la masse du petit monument est intacte ; le mince campanile domine toujours la gorge sauvage, avec sa cloche pareille à celle qui tinte au cou des vaches. Mais la cloche est muette, si le vent du ravin ne l'agite au passage. L'église est vide, le retable croule. Les stucs se détachent. Un buste de plâtre a chû sur un coin de l'autel, un autre roule sur les dalles comme un tête coupée. Dans le cloître, les fresques de la vie du saint, l'odalisque à jarretière de soie bleue, le miracle des roses sont en train de s'effacer : les plafonds sont crevés, les planchers éven-

(1) *Chanson de Roland*, v. 2387-8.

trés ; des escaliers disloqués ne mènent plus nulle part. Dans le petit réfectoire, où les tables n'attendent plus personne, le Christ d'une *Cène* rompt le pain en face du prieur absent. Je lis au mur un cartouche où sont écrites les promesses de Dieu à saint François : que l'ordre durerait jusqu'à la fin du monde, que nul méchant n'y demeurerait, qu'aucun persécuteur ne ferait de vieux os et que tout ami de saint François et de son ordre est assuré d'une bonne fin.

Qu'il est triste, sur son rocher, le petit couvent à l'abandon ! Cette ruine serre le cœur. Hélas ! Aux Carceri, lorsque j'y allai il y a trente ans, ils étaient quatre frères : à présent ils ne sont plus que deux. A Poggio-Bustone, plus personne. On les déserte de plus en plus, ces hautes formes de la vie. La chaleur s'en retire. Le vent de la vallée sonne seul à ce cloître veuf la messe de la solitude. Sommes-nous si sûrs du progrès, que nous n'ayons plus besoin quelquefois d'indulgence, de tendresse, de quelque chose qui ressemble au pardon de Charlemagne ou au pardon de saint François ? Notre monde est-il donc à ce point sans péché, que jamais plus nous n'ayons à gémir : « Père, délivrez-nous du mal ! »

TROISIÈME PARTIE
LE DON DES LARMES

LA DANSE MACABRE

Connaissez-vous le poète de Todi, le moine Jacopone? C'était un homme de loi, un homme dur, âpre au gain, tirant force argent de la passion processive qui anime, ici comme partout, ces petits propriétaires terriens. Ce robin de bonne maison, et des premières du pays, redouté de tous par sa langue insolente et terrible et par un caractère fantasque, avait une femme qu'il affichait et couvrait de bijoux avec un goût grossier de l'ostentation. Cette femme était jeune et belle. Un jour qu'elle était au bal, parée comme une châsse, l'estrade sur laquelle on dansait, s'écroula : elle fut retirée demi-morte des décombres. Le mari accourut, mais elle refusait de se laisser délacer. La nuit suivante, quand elle fut morte et que Jacopone, de ses mains d'aître, lui fit sa toilette funèbre, il vit que sous ses riches habits elle portait un cilice : sans s'en douter, il avait été le mari d'une sainte.

Dès lors, Jacopone ne fut plus reconnaissable. Cette révulsion de la mort, si fréquente dans la vie des saints, et qui bouleverse un Raymond Lulle, un saint François de Borgia, une Marguerite de Cortone, le jette brusquement converti aux pieds de Dieu. Converti, mais toujours bizarre. Son caractère déjà singulier devient de plus en plus étrange. Tout en restant dans le siècle, il se jette dans les pratiques d'une piété austère, affectant une conduite tout à fait déroutante, par laquelle il prenait plaisir à confondre et à rabrouer les vanités du monde. On le voyait entrer dans une fête à quatre pattes, bridé et bâté comme un âne, mais à rebours et la croupière entre les dents. Une autre fois, invité à la noce d'une nièce, il y paraît en braies, enduit de poix et couvert de plumes. Pendant dix ans, il étonna le public par ce genre d'excentricités. Et déjà cependant, à travers ces écarts de cynisme, il échappait à ce Diogène rustique des mots poignants : « De quoi pleures-tu ? » lui demande quelqu'un. « Je pleure, dit le misanthrope, parce qu'on n'aime pas l'amour. »

On ne sait trop à quelle occasion il prit l'habit des mendiants, mais il n'y parut guère plus sage que dans le monde. Il continue à faire scandale. Les frères reléguèrent ce religieux impossible dans une cellule près des latrines. Il eut bientôt fait de se compromettre avec les éléments mystiques les plus turbulents de l'ordre. L'affaire des Spirituels, éteinte depuis saint Bonaventure, renaissait de ses cendres. Les Spirituels venaient de faire nommer un pape selon leurs vues, le faible Célestin V ; les politiques eurent leur revanche, déposèrent Célestin et nommèrent Boniface VIII. Cette élection souleva un *tolle* dans l'Eglise. Parmi les fanatiques les plus résolus à casser le pape de l'Antéchrist, on eût été bien étonné de ne pas rencontrer frère Jacopone. Une conjuration fut découverte, appuyée sur la France, exactement comme Savonarole appelait plus tard Charles VIII pour chasser Alexandre VI. Jacopone expia son complot dans les cachots de Palestrina. Il y passa six ans dans un cul-de-basse-fosse, jusqu'à la mort de Boniface, et gagna aux yeux de son parti la gloire d'un martyr. Il écrivait cependant du fond de sa prison des vers rauques et passionnés, tantôt des invectives féroces contre l'usurpateur, tantôt des hymnes d'une douceur étrange où le cœur lui fond à la pensée de la Vierge ou de Jésus; il rugissait derrière ses barreaux ou s'attendrissait tour à tour, et faisait alterner la douleur et l'amour. Il vécut encore deux ou trois ans, toujours suspect et tenu à l'écart par les frères, dans une maison de Pauvres Dames qui l'avaient pris pour aumônier. Il mourut en 1306 entre les bras de son ami, le fameux Jean de l'Alverne. Telle fut cette créature déraisonnable, le plus grand précurseur italien de Dante, dont aucune poésie n'a fait oublier le chant de *De Profundis* (1).

Todi, sur un mamelon du vieux plateau étrusque, dominant le confluent du Tibre et de la Naja, a le profil d'un soc de charrue serré dans un étau. Silhouette tranchante qui convient au rude esprit qui en fut le génie. Sur l'esplanade où se rencontrent, devant la porte des remparts, les trois routes d'Orvieto, de Pérouse et de Terni, se trouvent ce matin rassemblés dans la boue tous les troupeaux de la vieille Ombrie : des alignements de bœufs blancs, une mer mugissante de croupes et de têtes cornues, tout le bétail de ces profondes campagnes, hissé sur cette plateforme à douze cents pieds en l'air, comme une razzia du fabuleux Cacus, le pâtre des nuages.

Tout cela meugle, moutonne et piétine dans la fange, sous un jour pluvieux, parmi les cris d'une foire, devant les noirs créneaux de la ville de Mars :

(1) Je reçois malheureusement trop tard pour l'utiliser, la belle édition de la Vie de Jacopone, publiée par le R. P. Cavanna d'après la chronique intitulée la *Franceschina*, 1926, in. 4°, imprimerie de Sainte-Marie-des-Anges.

les paysans, le fouet passé autour du cou, essaient des couples d'animaux. Entre les files de ruminants, les femmes sont accroupies à terre dans la litière entre leurs paniers d'œufs et des mannes de volaille. Dans un coin monte l'aigre bêlement du parc à moutons; plus loin, le grognement de la cité des porcs. Parmi ce charivari, mêlé de l'odeur du suint, où éclate la jérémiade d'une truie, le hennissement d'un cheval, la pétarade d'un moteur, je suis probablement le seul qui promène le souvenir du saint d'Assise. Je songe à une scène que rapporte, je crois, Barthélemy de Pise, l'histoire du juge de Castello prenant le frais, un soir, aux portes de la ville, à l'heure où les porchers s'évertuent à rentrer leurs bêtes récalcitrantes :

— Dis-leur donc, cria un loustic : « Allons, ouste ! Entrez-y comme juges en enfer ! »

Et aussitôt le troupeau de s'engouffrer comme dans un sac. Le juge fut si frappé de cet effet inattendu, que dès le lendemain il entrait au couvent. C'était Jean Parenti, qui succéda à frère Elie comme troisième général franciscain.

Par exemple, y a-t-il une parole magique capable de m'ouvrir la presse qui obstrue la porte de la ville? Dire qu'il fallait venir à Todi pour apprendre ce que c'est qu'un véritable encombrement! La merveille est que cet embouteillage est produit par un seule charrette, un joujou de charrette, qui a eu la malencontreuse idée de se fourrer là à tout prix, et qui se trouve à présent totalement immobilisée entre les deux courants contraires. Si petite, cette brouette, qu'on est tenté de la soulever avec son minuscule baudet et de la passer par-dessus les têtes comme on se passe une chaise aux mariages dans le monde. Mais impossible de remuer un doigt : tout le monde pousse à la fois et toutes les poussées s'annulent. Du reste, nulle impatience dans cette populace. Personne ne se fâche, personne ne s'en prend au malheureux agent qui fait des efforts inutiles pour filtrer la cohue. Finalement, sans qu'on sache comment, le petit âne a passé, suivi de son carrosse, et me voilà dans la rue.

La rue! Todi n'en a qu'une seule, un unique boyau qui suit l'échine de la colline et d'où partent de courtes ruelles en arêtes de poison ; ce couloir grimpe tout le temps entre des maisons crasseuses, passant çà et là sous de vieilles portes qui marquent les enceintes successives de la ville. Tout le long du chemin, c'est la même foule de campagnards, les étalages sur le trottoir, les objets de ménage, les jarres vernissées, les articles de bazar. des lits de fer peints en noir. où achèvent de se faner les bouquets du second Empire. C'est donc ici que s'écoulent ces produits surannés dont on se demande à quels clients ils peuvent encore plaire? Enfin, l'interminable rue, au moment où on ne s'y attend plus, vous jette tout à coup, au sommet de la ville, sur une place extraordinaire, précédée d'une plus petite, que termine un cyprès. Le rythme de ces deux places, ces monuments, cette proportion des espaces, cette cathédrale là-bas pour conclure la scène mais c'est Venise, c'est le jeu de la Piazza et de la Piazzetta, avec cette différence que Venise ouvre sur la lagune et qu'on a ici un balcon au bord d'un précipice, ouvert sur l'infini des campagnes de l'air, comme pour des départs d'avions ; et je ne saurais dire, dans la première surprise, laquelle me semble la plus belle, de la place fameuse de la cité marine, ou de cette inconnue de Todi et de son acropole.

Mais je ne suis ici que pour Jacopone. L'église des franciscains de Todi, où repose ce vieux cœur farouche, est placée, comme la cathédrale, sur une butte de l'acropole : les deux monuments se font face, chacun sur un rocher, c'est-à-dire qu'ils ne sont pas orientés selon les règles de l'Eglise, et ce qui excite l'esprit, c'est qu'on devine sous le décor chrétien un antique forum, un de ces lieux consacrés de toute éternité aux dieux, un de ces autels réservés depuis la nuit des temps pour les gestes rituels et les choses religieuses.

L'église n'a point de façade et attend depuis six cents ans son revêtement de marbre, son séduisant décor de dôme d'Orvieto. L'intérieur est sublime : triple nef, triple voûte de hauteur uniforme, colonnade géante de piliers supportant le dais souple et harmonieux de ces voûtes, impression de lumière et d'espace, qui ne reconnaîtrait ici la plus belle des églises gothiques d'Italie? Il y a plus : ce type a quelque chose d'irrécusable, c'est la réplique de Poitiers. Comment s'expliquer cela? L'église de Todi s'appelle saint Fortunat, et c'est peut-être le mot de l'énigme. Entre plusieurs saints de ce nom, il y eut, au VIe siècle, un évêque de Todi. Celui-ci est connu par les *Dialogues* de saint Grégoire. A ce qu'il paraît par ces récits, ce fut un de ces apôtres qui achevèrent en Italie la conquête chrétienne, et il eut fort à faire pour extirper de ces montagnes les restes du paganisme. Comment arriva-t-il que ce vigoureux champion de la foi catholique fut confondu avec son illustre homonyme, Venance Fortunat, le dernier des poètes latins de la décadence, l'ami de sainte Radegonde et de saint Grégoire de Tours? C'est ce que je ne me charge pas d'éclaircir. Je lis dans dans Cantarelli (i) que l'empereur Othon, trouvant à Todi les reliques de l'évêque, les prit pour celles du poète favori de Chilpéric, et les

(i) *Chiese d'Italia*, t. V.

rapporta à Poitiers, d'où elles revinrent au XIIIᵉ siècle, avec celles des saints Calixte et Cassien, et des vierges Romaine et Digne, martyres de Todi. C'est grâce à cette méprise que les mânes de Jacopone ont le privilège d'habiter la plus magnifique des églises gothiques d'Italie, et que le premier des poètes italiens modernes a pour tombeau une copie de la cathédrale où repose le dernier des enfants d'Ovide.

C'est bien là qu'il convient d'évoquer la figure de ce maître d'épouvante, créateur d'une poésie qui vivra dans le monde autant que la peur du néant. C'est ce moine forcené qui inventa cet émoi impur et lança sur la chrétienté cette plainte de *Miserere*. Je suis seul. L'église est vide. A peine une vieille femme pousse la porte et s'agenouille près de son panier pour marmotter une prière. Tous les autres sont à leurs affaires. Personne : l'office est fini, pas même la psalmodie d'un prêtre. Je ne demanderai pas compte au pamphlétaire de ses démêlés furieux avec le pape Boniface. Je ne parlerai pas des cantiques attendris et parfois angéliques qui lui échappaient comme des bégaiements de berceuse en pensant au poupon de la crêche ; je ne veux voir ici que le poète de la Mort.

Il y a dans le coin le plus noir de l'église inférieure d'Assise une fresque incroyable: un jeune frère, debout comme sur un tréteau, exhibe aux spectateurs un roi. Quel roi? Un squelette couronné. Terrible leçon de choses. L'idée est familière sans doute à toute morale, même païenne. Horace en tire un mol conseil d'épicurisme : la rose passe, cueillons la rose. Plus tard, quelques poèmes attribués à saint Bernard esquissent le thème d'horreur et de mélancolie dont devait s'enivrer la fin du moyen âge. Mais il était réservé aux cordeliers d'appuyer sur la chanterelle et d'en faire sortir un prodigieux effet.

Cette affreuse poésie de la mort semble étrangère à saint François. Nous savons mal sans doute les sujets de ses sermons : pas un n'est venu jusqu'à nous. Toute cette éloquence, cette voix irrésistible qui soulevait l'Italie, a passé comme le coup de vent dont on ne reconnaît plus la trace. Les passages de ses écrits qui se rapportent à la mort développent avec force le lieu commun des fins dernières, mais en insistant plutôt sur les suites du péché que sur la peine physique et l'effroi du trépas. Il est certain que, sans le péché, la mort, pour le chrétien, ne serait qu'un sujet de joie : c'est la crainte du jugement qui fait seule l'angoisse de ce pas redoutable. Le sentiment de François à cet égard est bien connu et ce n'est pas le lâche hérissement de la chair, la peur sordide de mourir. Il était parfaitement brave ; la mort ne lui fait pas baisser les yeux. Il n'a jamais craint de courir au-devant du péril. Il avait cette grâce des jeunes êtres qui ne tiennent pas à la vie et qui savent la jeter à peine respirée, comme une fleur.

S'il a eu un reproche à se faire, c'est de trop peu se ménager et de hâter par ses excès l'heure désirée de la délivrance. La mort qui fait trembler toutes les créatures ne lui présentait rien d'effrayant : il lui arrive de la donner en modèle à ses frères. Le *perinde ac cadaver*, tant reproché à saint Ignace, est un mot de saint François d'Assise. Il voyait dans la mort la parfaite soumission, l'abandon, l'absence de désirs, cette extinction du « moi » qui est l'idéal de la vie religieuse. Pour tout dire, la mort, à ses yeux, était la grande obéissance et la grande Pauvreté : c'était le détachement final, le renoncement, le consentement sans conditions aux volontés du Créateur, le dernier soupir de la vie qui, rendant sa dépouille comme un vêtement d'emprunt, va se fondre dans le sein du Père.

Ce sentiment éclate dans un chant célèbre, le plus grand acte religieux de la vie de saint François. J'ai déjà raconté comment, un an avant de mourir, dans l'automne de saint Damien qui précéda le dernier automne, malade, exténué, n'en pouvant plus de douleurs, il composa chez Claire, qui l'avait recueilli, le Cantique du Soleil. L'été suivant, il sentit soudain son état empirer à Rieti et revint à Assise où il était soigné dans le palais de l'évêque; sentant sa fin prochaine, il faisait appeler ses enfants préférés, la petite pécore frère Léon, le courtois chevalier Ange de Rieti et Pacifique, le Roi des vers, et il leur commandait de lui chanter son Cantique. Et eux, ravalant leurs sanglots, d'entonner au chevet de leur père mourant le poème grandiose :

> *Altissimo onnipotente bon Signore,*
> *toe so le laude la gloria e lonore*
> *et omne benedictione...*

Et les strophes se suivaient dans un ordre magnifique, louant le Créateur dans toutes ses créatures, depuis le fraternel Soleil jusqu'à la terre maternelle et à l'herbe des champs. Une fois, il ajouta une strophe à son cantique. Comme une émeute venait d'éclater dans la ville, il dicta quelques vers en l'honneur de la paix. L'émeute s'apaisa. Enfin, comme le mal avait fait encore de grands progrès (c'est peut-être le jour où le médecin lui apprit qu'il ne passerait pas la semaine), il voulut entendre de nouveau son hymne d'actions de grâces ; et quand les frères furent au bout, il entonna la dernière strophe :

> *Laudato si mon signore*
> *de sora nostra morte corporale*
> *dalla quale niuno homo morto po scampar*
> *et guai ad quelli che moro in peccato mortale.*

L'homme qui inventait ce salut d'une grâce surnaturelle, trouvait là un accent nouveau parmi les fils d'Adam. Depuis que l'on meurt en ce monde et qu'on voit se succéder nos générations d'éphémères, on a connu des morts héroïques, des morts enthousiastes, des morts hautaines et dédaigneuses, des morts stoïques, des morts sereines, des morts sacrées; on a vu des enfants se jeter au sacrifice du même élan qu'au lit de noces, et le sage boire la mort comme un verre d'eau pure. Jamais homme n'avait associé ces deux mots inouïs, et n'avait accueilli la Mort comme une sœur.

Tu le sais, âme sainte qui voulus dans tes jours suprêmes te faire lire, par la voix d'un fils, le cantique du poète d'Assise. Déjà flottante à demi sur les bords de l'éternité, au cours de tes derniers soleils, tu rendais grâces de la vie. Cet hymne de reconnaissance est l'adieu que tu nous laissas. Tout se tient, tout se donne la main dans les intentions divines: tout a son côté d'ombre et son côté de lumière. Le soir comme l'aube est béni et ce que nous prenons pour la nuit n'est peut-être ailleurs qu'une autre aurore. O mourir sans dépit, sans trouble, sans colère et attendre la dernière heure comme une sœur invisible qui vient nous fermer les yeux et accomplir la plus auguste des fonctions de la vie! Mourir en disant comme sainte Claire: « O Dieu, je te bénis de m'avoir créée! »

A quel moment précis s'altéra ce sentiment si pur, il n'est pas aisé de le dire. On sait que le *Dies*

Irae est traditionnellement attribué à Thomas de Celano. Il semble toutefois qu'en ce genre de poésie lugubre, Jacopone de Todi ait été un précurseur. L'effroyable mort de sa femme fit sur ce caractère sombre une révolution profonde. Cette mort, loin de l'attendrir, lui laissa un sentiment de révolte : sa vie en fut empoisonnée. Il ne conçut plus désormais l'existence que comme un jeu abominable où toutes les illusions, plaisirs, amours, travaux, se terminent, tôt ou tard, par la culbute dans un trou. Jamais poète, depuis les jours de Job et de l'Ecclésiaste, n'a paru plus indifférent à la douceur des choses, ou plutôt n'en a dénoncé plus systématiquement l'universel mensonge. L'amertume de sa déconvenue se change en une espèce de haine. Personne n'a pris un plus âcre plaisir à railler l'existence et à nous en dégoûter. Il se donne aux yeux du monde le rôle d'un rabat-joie. Il avait toujours eu un goût de la mystification, un sens de taquinerie, un génie de contradiction, travers assez fréquent chez ces tyranneaux de village et ces chicanous dont il était. Ce tour d'esprit trouva dans sa misanthropie un nouvel aliment. On connaît le trait d'un de ses amis qui le prie de porter chez lui une paire de poulets; Jacopone les porte au cimetière. L'ami se fâche : « Ne t'avais-je pas dit à la maison ? » — « C'est ce que j'ai fait », dit Jacopone. Une autre fois, devenu moine, ayant grande tentation de manger un bon dîner, il achète un quartier de viande, vous le pend dans sa cellule et attend qu'il devienne charogne : « Ah ! tu veux de bons morceaux, disait-il en se frottant les mains : eh bien ! hume, goinfre, hume ! » Quel bon tour à jouer au diable ! Mais il n'y avait pas que le diable : les frères ne trouvaient pas que ce fût ambre. On pria l'indiscret de ne plus faire pénitence aux dépens de l'odorat d'autrui.

Mais ce drôle de corps (il n'y a pas d'autre mot) est un grand poète : n'eût-il écrit que les cinq ou six pièces qu'on lui doit sur la mort et les misères de la vie, qu'il mériterait d'être lu aussi longtemps que sonnera la noble langue du *si*. Ce qui fait le prix de cette poésie, c'est le mouvement naturel, la verdeur du langage, une sorte de causticité où l'on reconnaît d'abord des saillies de paysan. Nul poète moins endimanché. C'est par là qu'il nous charme. Rien ne sent moins son gens-de-lettres. Le morceau qui débute :

O vita penosa continua battaglia

est une satire des maux de la vie. Le poète s'y met en scène : l'existence lui prend comme une rage de dents. Pas une seconde de répit : toute son histoire n'est qu'un cri de douleur. Cela commence dès le ventre de sa mère, où il prend le germe ou, comme il dit, les « arrhes » de la mort. A peine arrivé dans ce pays, *in questo paese* c'est pour entrer dans un cercle inexorable de malheurs :

« J'arrive ficelé dans un sac, et voilà mon premier manteau : on ouvre le sac, et l'on en voit sortir un misérable paquet d'ordures, qui n'ouvre la bouche que pour crier : et ce fut ma chanson de bienvenue en ce monde. »

On lave l'enfant, on l'emmaillotte, et alors, nouvelle antienne ! Quelle pitié d'être cette faiblesse imbécile qui ne peut rien toute seule, ne sait rien que salir ses langes et servir cette « soupe » aux bonnes qui s'occupent d'elle ! « Ah ! si ma mère revenait, si elle racontait ce que je lui coûtai à élever, les nuits où il fallait se relever et se geler en m'aitant ; si elle disait ses peurs en m'entendant crier, si fort qu'elle croyait que j'allais trépasser ; combien de fois il fallut rallumer la chandelle et me démailloter, me retourner en tous sens pour s'assurer que je n'avais rien... O ma mère! Voilà pourtant ce que rapporte une nuit d'amour! »

Et puis, c'est l'école, ce sont les coups qu'on reçoit pour apprendre à lire, les taloches du père quand le gamin polissonne avec des vauriens de son âge ; puis arrive l'âge du jeu, des femmes, le mariage : et chaque fois, le bonheur attendu n'est qu'une ombre. Viennent enfin les soucis, les chagrins, les maladies, le médecin qui prend l'argent et ne rend point la santé en échange; voici les mauvaises nuits qui ne consolent plus des jours, le tracas, le souci, les insomnies, les puces,

> *E le pulce son meschine*
> *Che non te lassan veniare;*

et voici la vieillesse, l'impotente vieillesse qui fait de l'homme un objet de dégoût.

La mort est-elle au moins un refuge? Est-ce le port après la tourmente? Non, ce génie de sarcasme, cette dérision du vieux poète n'épargne pas le tombeau : il va, dans sa fureur d'humilier l'homme, il poursuit notre orgueil jusque dans cette misère ; il va, sans reculer devant ce sacrilège, il ne craint pas de fouiller le sépulcre, d'en arracher le je ne sais quoi que la terre devait recouvrir.

Par un tour de basoche, une prosopopée de procureur, il interpelle le cadavre, le secoue d'apostrophes puissantes, tantôt fait l'étonné, tantôt feint de le plaindre, le presse de questions goguenardes auxquelles le malheureux est forcé de répondre : « Eh! dis-moi, camarade, toi qui allais si bien peigné, avec qui donc t'es-tu arraché les cheveux? Où t'es-tu fait bouillir le crâne, que te voilà si bien tondu? Va, tu peux maintenant te passer de cosmétique! » Le dialogue se poursuit sur ce thème : que sont devenus tes yeux, ce nez que tu avais si fin, cette langue si mordante? « Et ces dents, cache-moi-les, de grâce, on dirait que tu railles : vraiment cela fait peur à voir. Ramène tes lèvres, par pudeur, retiens ce ricanement hideux. » Et le bourreau insiste : « Qu'as-tu fait de tes bras, de tes pieds? Lève-toi donc, tu dois être fatigué d'être couché. Appelle à l'aide, malheureux! Tes parents, qu'est-ce qu'ils font donc? Qu'ils te tirent de cet état. » Et à chaque trait, le pauvre défunt ne sait que gémir et se lamenter d'avoir fait si mauvais usage de chacun de ses membres. Cela laisse bien loin les réflexions d'Hamlet sur le crâne d'Yorick.

Dans tout cela, nulle pitié, peu d'amour, point de larmes données au regret des êtres chers : nulle tendresse pour l'âme absente. Rien que l'horreur de la chair, le terrorisme physiologique, une brutalité de tortionnaire. Tout ceci est d'autant plus curieux que Jacopone est mort dans des sentiments tout différents. J'ai dit son amitié pour le célèbre Jean de l'Alverne. Lorsqu'il fut sur le point de mourir, le vieillard s'entêta à refuser les sacrements : « Je ne les recevrai, dit-il, que de la main de frère Jean. » « Tu es fou! repartirent les frères. Comment veux-tu que frère Jean apprenne où tu en es? Et quand il le saurait, il arriverait trop tard. » Mais le bonhomme avait coutume de n'en faire qu'à sa tête, et les frères jugeaient qu'il ne l'avait pas bien solide. Il ne fit que leur répondre en entonnant son beau cantique:

Anima benedetta
Dell'alto Creatore...

A peine achevait-il, que l'on vit entrer dans la chambre celui qu'il attendait : averti par un songe, l'illustre prédicateur accourait embrasser son ami.

Alors le mourant entra dans une joie merveilleuse et
se mit à chanter :

> *Giesu nostra fidanza,*
> *Del cuor somma speranza,*

jusqu'à l'heure où les frères, dans l'église voisine,
commençaient le *Gloria* de la messe de Noël. Ainsi
le bienheureux expira en chantant.

Ce récit n'est pas inattaquable : Jacopone est mort
le 25 mars et non le 25 décembre. On peut croire
toutefois que la couleur est véridique. Comment
expliquer dès lors le contraste de cette mort et de
cette poésie profondément matérialiste? Ne serait-ce
point qu'il existe un hiatus entre la tête et le cœur,
entre les idées et le tempérament? Dans cette poésie,
si étrangère au christianisme, dans ce dur esprit de
terroir qui nous laboure le cœur avec son réalisme
bourru, ne faut-il pas sentir quelque chose de très
lointain, le vieux tuf, l'atavisme des ancêtres
étrusques qui affleure soudain sous les constructions
chrétiennes, comme le dessin des temples demeure
saisissable sous les églises que porte la fourche du
Mont de Mars? Il n'a pas suffi des miracles de saint
Fortunat pour exorciser le démon de cette cime
cornue. Cette idée de la mort, ce pathétique affreux
qui allait s'emparer du moyen âge comme une né-
vrose, c'est le vieil oiseau de nuit qui sort des nécro-
poles de ce peuple des morts : comment n'y pas
reconnaître ces harpies, ces sacrifices sanguinaires des
tombeaux d'Etrurie, et ce cauchemar du musée de Pérouse, où la Mort, sous les traits d'une vieille, comme
un odieux vétérinaire, une goule prête à sucer sa
proie, tâte le pouls d'un moribond gras?

Je ne vais pas faire l'histoire de la Mort au

moyen âge, depuis le *Triomphe* de Pise jusqu'aux Danses macabres et aux *Simulacres* du grand Holbein. Pendant plus de deux siècles, la mort parut la reine du monde : les pestes, les guerres, les famines, une dépopulation immense, firent douter de la vie, favorisèrent la vogue de ces thèmes désespérés. Je voulais marquer l'origine de cette funèbre ivresse et le rôle des franciscains dans sa diffusion. On y retrouve leur goût pour ce qui frappe les sens, leur instinct de la mise en scène, leur dédain de la raison pure, leur génie du spectacle. On sait que la danse macabre est à l'origine un ballet, une sorte de tableau vivant : ce livret fut joué avant d'être peint, et c'est cette scène que représentait la célèbre fresque parisienne du cimetière des Innocents. Un religieux commentait le spectacle, en tirait la moralité. C'est lui que nous voyons déjà sur la fresque d'Assise. Cette grande invention de tristesse, ce *Ça ira* lugubre qui promena longtemps dans l'imagination chrétienne sa sarabande égalitaire, est une idée de cordelier.

Le thème prit bien des formes. Un des plus beaux exemples est une page de Barthélémy de Pise. Entre toutes les raisons faites pour inspirer le mépris du monde : « Où sont, demande le vieil auteur, où sont-ils, les Empereurs et les Monarques? Où sont les Rois, les Ducs, les Comtes, les Satrapes, les Tyrans, les Consuls, les Princes, les Barons, les Grands? Tout cela était mortel, et tout est mort, comme nous mourrons. » Alors commence l'appel funèbre des noms célèbres de l'histoire; tous sont sommés de comparaître et de répondre: « Néant. »

« Où est Minos, le roi de Crète? Et Laïus et son fils le valeureux Œdipe? Où sont-ils, Atrée et Thyeste? Où est-il, le puissant Thésée et l'indomptable Hercule, et le troyen Laomédon et le majestueux Priam? Où est Agamemnon, roi des Grecs, et le subtil

Ulysse et le furieux Diomède? Où sont Hector, Paris, Achille?... Où sont les femmes de Darius, les armées de Xerxès, les trésors de Candaule, les richesses de Crésus? Où est César, où est Pompée? Où est Didon, reine de Carthage, Sémiramis, reine de Ninive, Phèdre épouse de Thésée, Jocaste et Cléopâtre? Où est Cassandre, où est Hélène?... Demande à leurs tombeaux. »

Le dénombrement (que j'abrège) est immense, imposant à force de monotonie. Cette amplification grandiose, cette revue des siècles, cette liste de noms fameux et d'illustres poussières, prend peu à peu le rythme, l'obsédante répétition d'un glas. C'est la grande ballade des vanités humaines, le cortège des fantômes et le jugement des ombres. Tout le monde a reconnu le thème de Villon. Le mauvais écolier, qui s'appelait François, avait-il déniché lui-même cette méditation dans le fatras des *Conformités?* S'est-il contenté d'écouter distraitement le sermon de quelque cordelier qui aura puisé son idée dans le *Pourana* de l'auteur franciscain? Il n'aura retenu de cette énumération indigeste qu'une indication, un mouvement, un rythme : avec son goût d'artiste, il sépare, articule ce que le vieux théologien nous présente en ordre compact; il compose un triptyque des héros, des preux, des dames du temps jadis; il y répand sa fantaisie, sa grâce et sa mélancolie, ajoute à la chanson un refrain, et voilà le chef-d'œuvre immortel.

Pendant des siècles, le peuple n'a connu d'autre poésie que la poésie religieuse. Tous les grands thèmes de l'existence, la naissance et la mort, le berceau et la tombe, les travaux et les jours, le temps et l'éternité, tout appartenait à l'Eglise, tout était sacrement, rite, religion. L'Eglise berçait la vie et la couchait au tombeau. Les grands lieux communs dont est faite une poésie, c'est dans la chaire chrétienne, sur la bouche d'un saint Bernard, d'un saint François d'Assise, qu'il faudrait les chercher : c'est là tout leur secret. Les hommes s'attachaient à leurs lèvres pour y boire ce miel. Quelle idée étriquée de l'art s'est donc faite la Renaissance, quand elle a prétendu laïciser ces thèmes et les traiter selon des formules entendues des seuls humanistes? Pour retrouver un lyrisme digne de ce nom, il a fallu attendre que l'ignorant rêveur et le musicien de Genève fît rentrer dans sa prose sonore, comme le bronze d'une cloche suspendue à l'arbre de la prairie, ses nostalgies religieuses; il a fallu que le romantisme recueillît dans les vers du *Lac*, du *Crucifix*, ce qui flottait épars d'éléments poétiques en dehors de l'Eglise, l'âme échappée aux fenêtres brisées des cathédrales.

Combien durera le divorce de la foi et de la poésie? Combien faudra-t-il de siècles pour élaborer un nouveau thème comme celui de cette danse des morts qui prend naissance sur la tombe du poète de Todi, et déroule ses mélancoliques anneaux depuis la ballade des neiges d'antan jusqu'à l'*Eve* de Péguy :

Quand tout ne sera plus que poussière et que cendre,
Quand se réveillera la Belle au bois dormant...

A l'heure où je sors de l'église, pleine pour moi de ces rêveries, la foire est en train de finir. La place se vide. Les clients sont partis, les marchands plient bagage. Chacun, ses affaires faites, se hâte de rentrer chez soi. La longue rue grouille de gens qui courent pour gagner quelque auberge, retrouver leur charrette ou le chemin de fer. Je presse le pas, moi aussi : demain je veux être à Fermo, au pays de Jean de l'Alverne. Il pleut. Sous la porte, maintenant béante, auprès des fritures en plein vent, des paysans attachent leur âne et lui jettent sur le dos, pour le préserver de l'ondée, une vieille couverture brune.

Frère âne! Et moi qui t'oubliais! Il y a longtemps cependant que tu es frère mineur. Tu n'as pas attendu que ce rustre prévoyant t'eût fait endosser chape bise : le bon Dieu y avait pourvu. Grison, il t'a donné robe grise : il n'y manque même pas la corde, que tu portes en licol et dont tu reçois des coups plus souvent qu'à ton tour. Que te faut-il de plus pour être bon franciscain? Tu en as la livrée, et il est vrai plus qu'on ne croit que l'habit fait le moine.

C'est moine qui fait moineau : sans vous, frères mineurs, nous n'aurions pas ce sobriquet. Toutes les choses de la terre, tout ce qui gîte dans les chaumes, se rase dans le sillon, la caille, la perdrix, l'alouette, et Jean Lapin, notre frère couard, toutes ces mottes de glèbe animées ou ailées, vêtent la bure. Poil ou plume, toute cette humble famille porte tes couleurs, ô François : ce sont les couleurs de la terre, dont nous sommes faits et qui sera notre dernier manteau.

Cher frère bourricot! Tu n'as pas bonne presse. Personne n'a jamais mis ses manchettes pour écrire de toi : « La plus noble conquête de l'homme. » Parce que tu es modeste, que tu réfléchis en secouant gravement tes longues oreilles, ils en ont fait le bonnet d'âne. Tu es le souffre-douleurs et le portefaix du ménage. C'est vrai que la nature ne t'a pas doué d'une belle voix. Mais ceux qui te calomnient n'ont donc jamais regardé la topaze de tes yeux, qu'enchâsse si doucement la peluche des paupières et n'admirent-ils pas comment, sans jamais te salir, tu poses aux plus mauvais chemins tes menus sabots de demoiselle? Dire qu'ils osent te comparer à la suffisance des docteurs! En vérité, frère Baudet, lorsque tu portes Balaam, le véritable Aliboron n'est pas celui qu'on pense.

Quelle réputation ils t'ont faite! Ce François lui-même, si bon, est injuste envers toi. Quand quelque chose n'allait pas, qu'il était mécontent de lui-même, quand son pauvre corps se révoltait, il l'accablait de coups et l'appelait : « Frère âne! ». N'as-tu pas, pourtant, comme ce fanfaron de cheval, tes titres de noblesse? N'étais-tu pas près de la crèche? Dans ce voyage où je vais cherchant ce qui subsiste de tout ce qui a vu saint François, c'est peut-être encore toi qui as le moins changé. Je me demandais tout à l'heure si quelqu'un dans cette foule se souvenait du Petit Pauvre... Nous sommes deux, frère Ane!

CHAPITRE II

AU PAYS DES FIORETTI

A sept heures du matin, devant Macerata, la journée s'annonce splendide : une ville grise et rose, semblable à un dos de tortue d'où sortirait, au beau milieu, une tour de cathédrale; au premier plan, un grand hémicycle de briques, pareil à un mur de théâtre, où s'ouvre une porte à pilastres en style d'arc-de-triomphe; par là-dessus, ce ciel de soie qui fait battre le cœur. J'ai vingt ans. Je retrouve mon Italie...

Je tenais à voir ce pays de la marche d'Ancône. Evidemment j'ai pris le chemin des écoliers. C'est pourtant ici que saint François a repêché le Roi des Vers. C'est encore à Ancône qu'il a débarqué à son retour d'Esclavonie, après cette traversée qu'on voit peinte sur un compartiment du vieux retable de Sainte-Croix de Florence. Cette traversée est mémorable. Le Bienheureux n'avait point d'argent et le patron, non plus que Caron, ne passait personne sans obole. On ne sait comment le bienheureux s'y prit (il était si petit!) pour se cacher dans les soutes avec quelques provisions que lui avait données une âme charitable. Un de ses derniers biographes se montre sévère pour ce trait : en somme, saint François voyageait sans billet. C'était un grand coupable. Il est certain qu'il n'avait pas un sentiment bien net de la propriété ; on le voit bien dès ses débuts, dans l'affaire de saint Damien : il trouve tout naturel de donner l'argent de son père et de payer une dette avec celui de frère Bernard. Où en serions-nous, si les saints comptaient comme des comptables? Comment voyageaient les apôtres? François avait la foi, le Seigneur lui donna raison. Car le vaisseau ayant essuyé une tempête, l'équipage fût mort de faim, si le passager de contrebande ne se fût trouvé là pour le nourrir du pain du Ciel. Les premiers franciscains tenaient le fait à grande merveille; il est vrai que leurs descendants commencèrent à en rougir, car le trait ne se retrouve plus dans saint Bonaventure. Il n'a pas été peint par Giotto à Assise, non plus que ce joli épisode où François donne sa tunique pour une couple d'agneaux, scène qui se passe, elle aussi, dans la marche d'Ancône.

Mais surtout n'est-ce pas ici que se placent les dix ou douze derniers chapitres des *Fioretti?* Epilogue charmant qui nous rapporte les histoires de frère Lucide et de frère Humble, de frère Jacques et de frère Conrad, celles de Jean de Penna et de ce Jean de l'Alverne, que je viens de rencontrer auprès de Jacopone, les histoires de ces couvents de Soffiano, d'Offida, de Fallerone, qui forment une petit monde à part, un coin délicieux de l'Italie séraphique. C'est ici que furent écrits les *Fioretti*. Je sais que les récents biographes affectent un certain dédain pour ce texte tardif et en grande partie légendaire. Qu'importe? Le loup de Gubbio n'est qu'une fable: on se souviendra de cette fable longtemps après qu'on aura oublié les livres des critiques, et ceux qui la répèteront conserveront une idée plus juste du saint d'Assise que n'en donnent tout Celano et tout saint Bonaventure.

Aux premiers tours de roue de l'auto hors des faubourgs, j'ai peine à retenir un cri : je m'évade, je nage dans la lumière et dans l'espace. A droite, tout l'Apennin, toute l'immense chaîne alpestre à l'horizon, depuis l'Apennin toscan jusqu'aux monts Sibyllins, longue crête neigeuse que frappe en plein le soleil levant; à l'est, pâle d'un bleu immobile de lait, la nappe de la mer divine. Je viens de franchir une porte : les murailles s'abattent, tout s'agrandit. Je laisse là-bas les brumes, le temps maussade qui me poursuivait à Todi; les nuages restent accrochés de l'autre côté à cette crête qui ne me montre ce matin que sa face resplendissante. Là-bas, sur l'autre versant, le sérieux Latium et la pluvieuse Ombrie et l'hiver nébuleux : ici l'été, le bleu du ciel et le bleu de la mer.

Quand on sort de ces vallées d'Ombrie, toujours un peu resserrées, de ces paysages calcaires d'une fatigante monotonie, qu'on échappe à ces successions de petits cônes désespérants d'Angelico, l'espace, l'étendue produisent par eux-mêmes une impression de bonheur : on éprouve cette dilatation qui fait de l'arrivée à Naples une éternelle volupté. Comme ce pays est plus ouvert, plus affable, plus liant : Ce sont de molles ondulations, une série de longs bourrelets argileux séparant de petites rivières qui descendent de l'Apennin et qui courent perpendiculairement à la côte; le paysage se balance sur ces oscillations et y prend une sorte d'allégresse et de rebondissement. La route pique vers le sud en franchissant ces houles, dont chacune porte à son sommet une petite ville perchée comme un nid de cigognes, San Elpidio, Monte Urano, Fermo; on les voit qui flottent là-bas à toute distance, chacune sur sa vague, comme les châteaux dans les peintures de Gentile; tour à tour, la voiture grimpe vers chacune d'elles, monte par une spirale immense comme la vis d'une tour, entre et ressort comme une abeille qui butine, pour redescendre dans une nouvelle vallée et franchir un nouveau torrent. Une de ces rivières, quelque part, est le Métaure et une autre, le Rubicon. Tout cela a une grâce de guirlande, de choses suspendues, une douceur de configuration, de vallées qui s'évasent au soleil comme des bols, des cornes d'abondance: et toujours, formant le cadre de cette nature presque trop suave, toujours cette double grandeur et ce double horizon, la montagne radieuse et la mer éternelle.

Cette couleur franciscaine, cette nuance unique de l'histoire du Petit Pauvre, ce caractère de liberté qui rend sa figure adorable, et qu'on trouve si peu dans ses biographies officielles, c'est la poésie des *Fioretti*, et c'est celle de cette « marche » bénie. Ici, sur les genoux de la montagne éclatante, pareille à une aïeule, fut bercée une race bienveillante, agricole, d'imagination tranquille et souriante : les *Fioretti* en sont la fleur. C'est de ce pays conciliant que naquit un heureux génie, ce Raphaël qu'on appelait autrefois l'Urbinate. Les autres provinces de l'Italie n'ont guère qu'une ou deux notes : ici, dans ce paysage en gradins, allant de la mer aux vallées et des hauteurs moyennes aux grandes altitudes, le regard parcourt en un instant une variété d'effets, une gamme de climats tous unis cependant par une noble harmonie : richesses champêtres, moissons, opulence des coteaux et des champs, escalier de saisons dont le front baigne dans le ciel et les pieds dans l'Adriatique, qui prête à ces campagnes ce qu'ajoute à la pastorale le sourire de la Sirène.

Terre aimable, vraiment charmante, et davantage encore pour l'être presque sans art, sans monuments célèbres, mais non pas sans beauté! Qu'elles sont vives et lestes, ces deux filles, mes compagnes de

voyage, qui sautent de la voiture et s'arrêtent au
bord de la route, à leur petite maison blanche. Çà et
là, au fond de la vallée, une grande ferme rousse
auprès d'un bouquet de platanes ; plus loin, à un
carrefour en pleins champs, une guinguette arbore à
sa porte deux figuiers, auxquels l'ingénieux aubergiste,
pour avoir de l'ombrage, a donné la forme d'om-
brelles chinoises. On croise de temps à autre quelque
bon cordelier dont le crâne reluit comme un pot de
terre cuite. Et, à la sortie des villages, voici les atte-
lages de petits bœufs du Picenum, les petits bœufs couleur de crème, harnachés de laines écarlates et traînant
des charrettes peintes commes des *cassoni*, avec des
motifs bucoliques, des gerbes, des râteaux, des fau-
cilles, des bouquets, des paniers de fruits, quelquefois
des bustes de femmes aux grands yeux comme dans
les peintures de Pompéi : modes immémoriales, sujets
qui se répètent, avec leurs mêmes couleurs vives, leurs
blancs, leurs bleus, leurs vermillons, de père en fils,
par des générations d'artistes de village, et au milieu
desquels notre massive auto fait un peu l'effet d'un
cuirassé dans un bassin de poissons rouges. Pourvu
que ce boulet de canon du progrès ne fasse pas bientôt
sauter ces restes d'une poésie patriarcale, ces mœurs
antiques, ces calmes bonheurs traînés au pas des
bœufs dans des chariots d'enfants !

Comme on comprend ces vies dont parle l'auteur
des *Fioretti*, par exemple celle de ce frère qui se nourrissait sans toucher terre, à la manière de l'hirondelle ! Ces états de légèreté, ces phénomènes de
lévitation, comme les appelle la science, sont un
des traits les plus fréquents dans cette école de la
marche d'Ancône : Pierre de Sirolo est ravi en extase
jusqu'à la hauteur du crucifix qui pendait à
la voûte, à dix ou douze pieds du sol. Frère
Bentivoglia de Sanseverino est élevé en l'air comme

une feuille sur l'aile du vent. Thomas d'Eccleston rapporte un prodige analogue d'Aymon de Faversham : mais chez ces Anglais nourris de bœuf, le poids de matière est plus lourd; une corde, ô Ariel! descend du ciel, et enlève le visionnaire. Ici le surnaturel a quelque chose de familier; on vit sans étonnement au milieu du miracle. Frère Guy de Bolsène étant novice, se trouvait dans le jardin du couvent avec le frère Mino Altimani et devisait de Dieu ; et voici qu'apparaît entre eux un enfant de dix ans qui se met à les écouter et à cueillir des fleurs. Le *bambino* fut ainsi avec les frères de l'heure de none jusqu'à vêpres. Et il n'était autre que Jésus, au témoignage d'un tertiaire qui assista à toute la scène et en divulgua le secret.

D'autres récits ont un caractère différent. La vie prend l'élasticité des songes. L'espace, le temps s'évanouissent. Les visions ne se comptent pas. La plupart respirent la tendresse : la Vierge donne au frère malade une cuillerée d'électuaire. Conrad d'Offida obtient la grâce qui fut faite au vieillard Siméon, de porter un moment le petit Jésus dans ses bras. Douceur de ce pays! Il en reste, même à notre époque, quelque chose d'ineffaçable. Pourquoi ne pas conter ce trait, qui touche plus qu'il semble à saint François d'Assise? Tout le monde connaît le nom de Cesare Pascarella, le grand poète *Romanesco*, l'auteur de *Villa Gloria* et de la *Découverte de l'Amérique*. Personne ne récite comme lui les vers de Dante. Un soir, chez la comtesse P..., aux environs de Recanati, comme Pascarella, qui était l'hôte de la maison, devait dire un chant de l'*Enfer*, la comtesse se leva et fut chercher sa femme de chambre. C'est tout le pays des *Fioretti*.

Fermo a une cathédrale et une douzaine d'églises, une place encadrée de portiques, d'admirables palais et de magnifiques tombeaux. Ce vieil évêché se trouvait, à cause de son château, dans une position stratégique de première importance : c'est la clef de la route d'Ancône à Rome. De là son rôle dans l'histoire, les passages répétés des Othons, des Lothaires, le siège donné par Christian de Mayence, l'archevêque excommunié (le même qui pilla Assise), et plus tard, en 1502, l'assassinat du duc Oliverotto par César Borgia, à ce célèbre congrès de Sinigaglia, que Machiavel regarde comme le chef-d'œuvre de ce prince. Il s'ensuivit vingt ans de *vendette* féroces entre les Euffreducci et les Brancadoro, querelles éteintes en 1520 par la mort violente des chefs des deux maisons. Le peuple prit alors le parti de raser la citadelle : c'est pourquoi, sur la plateforme qui domine la ville et qui porte toujours le nom de *Girfalco*, la cathédrale apparaît aujourd'hui toute seule, avec ses portes sculptées dans le style d'Orvieto, au milieu d'un portique de pins dont les troncs, comme des barres de musique, scandent le double horizon des neiges et de la vague.

Plaisir d'errer à l'aventure dans une ville inconnue! Autour de son pic de travertin, elle tourne comme un coquillage, comme ces inexplicables petites villes en tire-bouchon qui intriguent chez Pisanello, ou comme cette lanterne en hélice, d'une chinoiserie exquise, fantaisie de Borromini au collège de la *Sapienza*. Aller sans but, cueillir du regard au passage une fenêtre gothique, la porte fastueuse de quelque *palazzo*, le filigrane d'une frise romane décorée de fonds de tasses étrusques; entrer dans une église, admirer une balustrade baroque, des stucs chiffonnés en feuilles de chou, un tragique *Saint Sébastien* de l'école de Caravage, pantelant dans l'ombre sur un autel, auprès d'une mystérieuse princesse de Véronèse; s'amuser d'un bibelot, d'un prie-Dieu de mariage formé d'un coussin de laque imitant le velours, que portent des angelots en sucre, délicieux meuble galant pareil à un bonbon... Et puis, figurez-vous, un *tour*, la petite fenêtre furtive où l'amour clandestin confiait à la religion les enfants du plaisir ! Ce tour, condamné aujourd'hui (car ce siècle est moral) date de 1776 : Jean-Jacques vivait encore.

Dommage qu'il n'y ait plus d'espoir de retrouver dans cette ville les traces de Jean de l'Alverne, le grand visionnaire ami de Jacopone et le héros de quelques pages sublimes des *Fioretti* C'était un enfant disposé aux maladies nerveuses ; plusieurs des traits qu'on nous rapporte décrivent clairement des crises d'épilepsie. Il éprouvait ces phénomènes classiques du mal sacré, ces suspensions de la vie, ces sortes de pressentiments, ces sensations d'abîme, ces angoisses délicieuses qui précèdent l'instant du rapt. Ces états, si merveilleusement dépeints dans les romans de Dostoïewsky, et qui confinent à la sensation de l'infini, le moyen âge les tenait pour des manifestations du divin. Les parents de l'enfant, voyant qu'il n'était bon à rien, à dix ans le mirent chez les moines ; il y passa cinquante-trois ans. De bonne heure, il eut un goût singulier de mortifications. Faute de haire ou de cilice, il avait trouvé une vieille cotte de mailles qu'il voulait porter sur la peau et, comme elle était trop grande, il monta dans le clocher afin de l'accourcir sans éveiller l'attention. Comme on voudrait voir le campanile où l'étrange garçon se forgeait en secret les armes de la pénitence ! Mais il reste au moins le paysage qu'il voyait de là-haut, et qui forma son âme à la vie du contemplateur.

Élevé dans ces couvents des Marches qui avaient conservé la tradition de frère Gilles, il se retira vers l'âge de trente ans sur l'Alverne, la montagne sacrée de l'ordre franciscain, mais pour y mener dans la forêt la vie d'un solitaire. Il ne sortait de ces retraites que pour des campagnes oratoires où il évangélisait la Toscane et toute l'Italie. Quoique vénéré des Spirituels, ami de Jacopone et d'Ubertin de Casal, il ne partage pas leurs violences. Il pratique la Pauvreté sans la rendre querelleuse. « Mes frères, disait-il, sachons bénir de toutes choses la Providence. Si je vois belle église, beau réfectoire, riche bibliothèque, ce m'est un sujet de rendre grâces aux bontés du Seigneur ; si je trouve pauvre couvent et modeste chapelle, j'admire la pauvreté des frères. Ainsi tout est louange. » Le doux génie des Marches respire dans ces paroles.

Mais c'est sur les hauteurs de la Sainte montagne qu'il se plaisait, au point que de son vivant il en porta le nom. Ses visions la peuplent encore. C'est là qu'il vit le Christ tous les jours pendant trois mois. C'est là que se passe cette scène que racontent les *Fioretti* où, une longue sécheresse ayant succédé à cette intimité, un jour que le pauvre moine était tout près du désespoir, soudain il sent l'Ami debout à son côté, hélas ! pour s'éloigner encore : et le moine dolent suit le fantôme dans les bois, le suppliant de s'arrêter et de lui rendre son sourire... Scène miraculeuse où l'homme implore une ombre, appelle en gémissant son rêve qui se dissipe, retient en tendant les bras ce qu'il aime et qui lui échappe ; « Arrête, cher songe ! Ne fuis pas, ou emporte mon âme ! Permets que je baise, si tu pars, les traces de tes pas ! » Divine scène, vaine étreinte, la plus belle depuis l'apparition du matin de Pâques à Madeleine, dans le clos du jardinier, et l'évanouissement du voyageur qui rompit le pain avec les disciples sur la route d'Emmaüs.

C'est ce Jean de l'Alverne qui, en disant sa messe, voyait les âmes délivrées sortir en foule du Purgatoire comme les étincelles d'un brasier ; c'est à lui qu'il advint de rencontrer dans le préau, au sortir de l'église, un jeune homme beau comme un ange qui l'escorta en jouant d'une sorte d'accordéon. C'est à lui enfin qu'il arriva de ne pouvoir achever sa messe, comme il est dit au dernier chapitre des *Fioretti* : parvenu au moment de l'Elévation, l'hostie entre les mains, il répétait toujours : « *Hoc est enim...* » sans pouvoir achever les paroles de la consécration ; et il voyait au-dessus de l'autel le ciel suspendu dans une gloire et Jésus-Christ avide d'entrer dans les espèces du pain, et ne pouvait se lasser d'admirer cette vision, perdu dans ce mystère insondable d'amour, jusqu'au moment où, prononçant les mots : « *Corpus meum* », le sacrement s'accomplit et Jean de l'Alverne tomba comme mort.

Fermo, berceau de Jean de l'Alverne, capitale des *Fioretti*, je ne regrette pas ma journée dans ton grand coquillage ; je ne regrette pas d'avoir vu tes églises, ta cathédrale, tes sarcophages héroïques, ton prie-Dieu en nougat, ce vieux tour pour enfants trouvés... Avant de repartir, je flâne en attendant l'heure du paresseux petit musée. J'ai le temps, la place est charmante avec ses longues arcades et cet orient de perle rose que prête à l'atmosphère le le voisinage de la mer. A mon ordinaire, je dessine; j'aime mieux un croquis qu'une note. J'apercevais depuis un moment dans un coin de la place un groupe de causeurs que j'intriguais. Ce sont de petits inconvénients auxquels il faut s'accoutumer dès qu'on tire un album de sa poche. En province où les gens n'ont pas grand'chose à faire, on doit leur fournir de bonne grâce un sujet de curiosité. Il y avait dans le groupe un militaire en cape réséda et l'inévitable carabinier, avec un gros civil à tournure d'adjudant, sentant son policier d'une lieue. Enfin, le *quidam* se détache, m'aborde avec un *Permesso!* brutal et me demande brusquement si je suis Italien.

Je l'attendais depuis cinq minutes : « Toi, me disais-je, je te vois venir, tu es ce qui s'appelle poliment un *intime* ». Je n'ai pas dit que l'autre soir, à la gare de Rieti, j'avais eu la surprise d'un interrogatoire en règle. Je ne comprenais rien à cette cérémonie. Je démêlai enfin qu'il existe depuis peu une disposition nouvelle, dite du permis de séjour, indépendante du passeport, qui oblige les étrangers à faire dans les trois jours une déclaration dans chaque ville où ils ont l'intention de s'arrêter. A l'ordinaire, on se borne à remplir une feuille que vous présente l'hôtelier, qui la fait parvenir à son adresse, et on ne s'en occupe plus. Il paraît que ma logeuse avait négligé cette formalité. Je dois cette justice à MM. les sbires de Rieti, qu'ils me montrèrent beaucoup d'égards. J'étais tenté de m'excuser de n'être pas un peu en faute et d'avoir dérangé pour rien tant de képis brodés.

Je vis donc venir sans trouble mon faux bourgeois de Fermo, et lui tendis mon passeport sans interrompre mon croquis. Il lut ou fit semblant de lire, car le français lui échappait. Mon assurance dut lui faire une impression fâcheuse et le persuader de ma scélératesse. Il me pria de l'accompagner chez le commissaire de police. Gardant de mon mieux mon sang-froid, j'achevai mon dessin et j'eus le plaisir de traverser la jolie place sous les regards curieux de la ville, comme un simple malfaiteur.

Le commissaire était absent. Je commençais à trouver mauvais d'être arrêté deux fois sans rime ni raison en moins de quarante-huit heures. Je tentai de faire entendre posément à mon gaillard que j'étais arrivé le matin, que je repartais l'après-midi, que je n'avais que faire de permis de séjour, puisque je ne séjournais pas, et que, du reste, la loi m'accordait un délai de trois jours. Mais allez donc raisonner un butor ! La police ne lâche pas facilement sa proie. Je dessinais, j'étais suspect. Finalement, je déclarai que je n'attendrais pas une minute de plus et je pris mon chapeau.

— On ne sort pas ! rugit l'homme en barrant la porte.

— Soit ! mais je me plaindrai à mon ambassadeur.

J'eus alors un spectacle grandiose. Je n'ai jamais rencontré l'honorable M. Mussolini, mais il n'y a pas en Italie de figure plus populaire. On vend dans tous les bureaux de poste la série de ses cent visages, depuis le format de poche jusqu'au format monumental : Mussolini rieur, Mussolini sérieux, Mussolini bonhomme, Mussolini profond, Mussolini violoniste, Mussolini avec ses lions, travaillant, discourant, en famille, en voyage, à l'armée, à cheval ou à la tribune, à son bureau du palais Chigi ou sur la passerelle d'un croiseur de bataille. Brusquement, je vis devant moi un personnage énorme : les talons joints, le torse redressé, les yeux en boules furibondes dans une face de Borée, c'était la caricature d'un *Duce* formidable, transformé en Jupiter tonnant, et pensant me faire trembler en me menaçant de la prison. Il y avait de quoi mourir de rire. M. Mussolini lui-même se fût égayé de la copie que faisait de lui ce polichinelle.

Par bonheur, M. le commissaire arrivait : un gamin, tel qu'on jouerait le rôle, sur un théâtre de jeunes, dans une pièce de M. Luigi Pirandello. Devant ce personnage si fin, mon Jupiter s'était brusquement aplati, crevé soudain d'un coup d'épingle. Il bredouilla les crimes qui m'étaient reprochés :

— *Stava in Piazza*, expliqua-t-il indigné en montrant mon album, *a prender fotografie!*

O pays de Raphaël! J'échangeai un regard avec le Fouché de la Marche d'Ancône. Celui-ci aperçut d'un coup d'œil la gaffe de son subordonné. J'étais blanc comme neige, mais pouvait-il désavouer un serviteur précieux? Il fallait me trouver un tort: mon passeport n'était pas signé. Nous étions quittes. Je saluai le jeune diplomate, et sortis sans regarder le molosse confondu, qui s'était pris pour un limier.

Je n'ai pas écrit à l'ambassadeur. J'ai pris, au bout du compte, une leçon excellente: je me figurais que Stendhal se moquait, avec sa terreur des mouchards. A présent, j'entends mieux la *Chartreuse de Parme*, et cela valait bien un quart d'heure de désagrément. Toutes les grandes villes se ressemblent : il n'y a plus que les provinces pour conserver quelques secrets. En somme, on m'a donné la comédie *gratis*. Etait-ce raisonnable d'attendre que tous les Italiens ressemblassent à des personnages des *Fioretti?*

Le soir, dans Macerata, ville de fastueux palais, de richesse patricienne planant sur l'étendue de son domaine agricole, j'erre en attendant le train qui doit me ramener vers Arezzo. Sur la place de la cathédrale, une délicate chapelle baroque ouvre son portique pareil à un confessionnal. L'intérieur est un boudoir où brûlent quelques lampes entre des murs de marbres sourds. On devine dans l'ombre des prières agenouillées : religion charmante qui est une forme de l'amour.

Le jour tombe. C'est l'heure de l'*Ave Maria*. Sur

la place que domine le palais des Gonzague, encore
une autre église dont j'ignore le nom. Elle n'a point
de façade; comme tant d'autres en Italie, ce n'est
qu'un mur de briques semées de files creuses, de vides
destinés à recevoir les crampons où se fixera un jour
le décor architectural. En attendant, ce mur est le
pigeonnier du pays. Tous les pigeons des environs, et
Dieu sait s'il y en a dans ce grenier de l'Italie, se
donnent rendez-vous dans les trous de cette façade.
Dans chaque vide on aperçoit une boule blanche, un
gros petit ventre de pacha, pareil à un œuf
surmonté de la petite tête qui se rengorge sous les
plumes et se prépare pour dormir. Quelquefois, un
retardataire arrive à tire d'aile et trouve sa place
occupée, il s'élève à un autre étage et se niche à son
tour Toute la muraille n'est qu'un battement d'ailes,
un frou-frou, un roucoulement, un angélique écha-
faudage animé de légers frémissements d'éventail, de
caresses, d'amitiés et de bonsoirs d'oiseaux. Bonne
nuit, frères pigeons ! J'ai trop tardé sur vos collines ;
vous me faites penser à d'autres colombes, à d'autres
nids de muraille, et au plus mystérieux de ces nids,
celui qu'a illustré le vol du Séraphin.

J'arrive au terme de mon voyage. Il ne me reste
qu'à accompagner saint François sur la dernière cime,
à gravir avec lui la montagne de l'Alverne. Ai-je eu
tort de faire un peu l'école buissonnière? La nuit a
achevé d'envelopper les choses. La muraille ailée
de tout à l'heure n'est plus qu'un dortoir d'oiseaux
qui appareillent pour le rêve. Sur la mer que baigne
faiblement une lueur laiteuse, on distingue une forme
de vapeurs qui flotte comme la tête allongée d'une
bête et qui est le cap d'Ancône. Une douceur à la
Claude Lorrain s'exhale de ce vague paysage nocturne. Je songe, en disant adieu à ce pays des *Fioretti,*
je songe à cette mer que le Petit Pauvre a pourtant

traversée quatre fois, où il a essuyé des tempêtes et des aventures, qui a été pour lui le chemin des croisades, et où s'élève là-bas, sur un autre promontoire, la montage de l'archange des batailles, la montagne de Saint Michel.

CHAPITRE III

CHATEAUX DE L'AME

Au mois de mai 1213, saint François, qui venait de débarquer d'Esclavonie, apprit à Sainte-Marie-des-Anges le désastre des Maures à la bataille de Tolosa et se mit aussitôt en route pour le Maroc. Arrivé en Romagne, l'apôtre des Gentils trouva au château de Montefeltre grande assemblée de barons et de dames illustres qui, par des joutes et des bals, fêtaient les éperons d'un fils du suzerain. Ces fêtes transportèrent François. « Allons, dit-il à son compagnon, et avec l'aide de Dieu, nous ferons belle moisson d'âmes. » Il monte sur un petit mur dans les lices du château et vous commence un beau sermon sur deux vers d'une chanson en vogue, une chanson de troubadour. Car il savait qu'aux belles on ne doit parler que d'amour.

Parmi ses auditeurs se trouvait un seigneur toscan, le comte Orlando Cattani de Chiusi; ce jeune homme fut si charmé de François qu'il résolut de faire quelque chose pour le salut de son âme. « J'ai, lui dit-il, une belle montagne très propre à la méditation et à la vie contemplative. La veux-tu? Je te la donne avec tout ce qu'elle contient, ses forêts, ses landes, ses rochers, du faîte à la racine. Et comme mon château n'est qu'à un mille de là, tu me feras plaisir de te servir de mes gens et tu m'obligeras d'accepter ce qu'ils te porteront, afin que le souci des choses matérielles ne te détourne pas du soin des choses divines. » François accepta avec joie: le Petit Pauvre s'entendait avec les gens de guerre. Il ne s'arrêta pas, pressé par son voyage. Mais il dépêcha deux frères pour explorer la montagne et y préparer un ermitage. Le comte prêta cinquante hommes pour abattre du bois et construire quelques cabanes. L'ouvrage fut bientôt fait. C'est ainsi que naquit le couvent de l'Alverne.

Saint François l'étrenna à son retour d'Espagne, probablement en 1214, et il y revint quatre fois avant le dernier voyage qui devait illustrer à jamais ce séjour. Ce fut, avec son quartier-général de Sainte-Marie-des-Anges, sa demeure de prédilection.

Entre les Alpes de Pratomagno et la chaîne générale de l'Apennin, orientée au sud-est, la montagne de l'Alverne est le sommet d'un massif boisé qui forme au centre de l'Italie une île forestière. Cette forêt du Casentin est le grand réservoir des eaux de la Toscane et de l'Ombrie. Dante, avec son génie topographique, l'a écrit dans un de ces vers qui résument un paysage :

Nel crudo sasso intra Tevere ed Arno... (1)

Là, en effet, prennent leur source les deux fleuves de Rome et de Florence : on peut dire d'une telle montagne qu'elle est la mère de l'Italie. Cette région secrète, difficile, montueuse, où d'étroites gorges s'enfoncent comme des fissures dans le marbre, couverte de la nuit éternelle des pins, a été de tout temps une région religieuse. C'est là que se trouvent les chartreuses des Camaldules et de Vallombreuse. Le cou-

____

(1) *Par.* XI, v. 106.

vent franciscain complète ce triangle mystique. Quant
au nom de l'Alverne ou de La Verna, comme l'appelle
la langue du pays, il faut recourir, comme toujours,
à l'augure, au devin, au mage d'Italie. *Hernica saxa*,
dit Virgile (1), et Servius nous apprend que dans le
vieux dialecte sabin, *herna* veut dire pierre. La tribu
étrusque qui habitait cette contrée portait le nom des
Herniques. Le mot se retrouve dans notre Auvergne.

J'aime autour de François la présence de ces
grandes ombres. Ce n'est pas le hasard qui le conduit
aux lieux fatidiques, sur ce toit d'où le regard
embrasse les deux mers, et lui donne pour piédestal
ce pivot, cette colonne qui soutient le ciel d'Italie.
J'aime à le voir se placer aux endroits essentiels,
entre Dante et Virgile.

Le voyage de François fut semé de miracles : le
miracle des fourmis, celui de la fontaine jaillie à sa
prière pour désaltérer un pâtre. On montre l'empreinte de ses épaules sur un mur où il s'appuya.
Arrivé presque au faîte, le saint s'assit au pied d'un
hêtre. Comme il considérait la beauté de l'horizon,
voici qu'une multitude d'oiseaux s'empressent de lui
faire fête. Le bienheureux se montra ravi de cet
accueil. « Je vois, dit-il, que notre séjour sera
agréable au Seigneur, puisqu'il fait tant de plaisir à
nos frères les oiseaux. »

Je ne sais auquel de ses voyages François, passant
par Arezzo, en chassa ou plutôt en fit chasser par
frère Silvestre les démons qui infestaient la ville.
Ils se réfugièrent dans un bois à un quart de
lieue des remparts, au penchant d'un coteau ; il y
avait là une fontaine hantée des amoureux, appelée
la fontaine Tecla. Il paraît qu'il se passait là des
horreurs. Il fallut que saint Bernardin, trois cents

(1) *Æn.* VII, v. 684.

ans après saint François, achevât l'ouvrage de son patron. A la tête d'une procession, il vint exorciser la fontaine magique. Le bois fut abattu. C'est là, dans une clairière au pied de la colline, que s'élève aujourd'hui le portique ravissant de Sainte-Marie-des Grâces. Des terrasses de jardins noirs et des colonnades de cyprès encadrent la chapelle : les dieux n'ont pas encore émigré de ces feuillages. On doit voir par les nuits de mai les sylvains et les ægipans ivres de clair de lune mener leurs rondes aux pieds de chèvre sur le petit préau, sous les arcades délicates du temple virginal.

De Bibbiena, où me dépose la ligne de Stià, trois petites lieues seulement me séparent de l'Alverne. La limousine ronfle devant l'auberge de la signora Amorosi. Le voyageur qui doit faire la course avec moi, un jeune médecin de Naples qui s'installe au hameau de la Beccia, ne finit pas de payer sa note et de descendre son bagage. J'aimerais employer la demi-heure de l'attente à jeter un coup d'œil sur la patrie du cardinal chéri de Raphaël, mais le temps me manque pour flâner : je ne veux pas, si près de l'Alverne, me laisser distraire de saint François.

A quinze cents mètres de Bibbiena, on quitte la vallée de l'Arno, qui prend sa source à six lieues d'ici au mont Falterona. La voiture tourne à l'est et s'engage dans une gorge où court, entre des peupliers, un méchant petit torrent appelé le Corsalone. Le paysage rappelle la vallée de Chevreuse. La piste serpente à travers champs, au-dessous du lit du torrent qui s'exhausse en roulant ses pierres ; par endroits, la voiture plonge jusqu'au moyeu dans une fondrière, et c'est une affaire dans ces chemins étroits que la rencontre d'un chariot. Justement, une antique carriole attelée d'un bidet blanc débouche à un tournant de la piste et nous contraint à une manœuvre difficile : c'est la poste. Elle ne se presse pas; elle va le pas comme au bon vieux temps. Et pourquoi tant se dépêcher? Quelles nouvelles si urgentes peuvent intéresser les solitaires de ces montagnes? Quel visionnaire de l'Ohio annonce la fin du monde? Quel pilote a ouvert un nouveau chemin dans les airs? Le temps n'importe guère à qui vit pour l'éternité.

Aux Campi, hameau de quatre maisons, on traverse le torrent sur une passerelle et l'assaut de l'Alverne commence. Dans ces cinq derniers kilomètres, la route s'élève de neuf cents mètres. La route, un sentier de mules plutôt, où il ne faut pas moins que les vingt chevaux de ma *Fiat* pour se tirer de peine. On a l'impression de décoller comme en avion, de laisser le paysage vous tomber des épaules; on ne voit plus le trou de ruisseau d'où nous sortons; d'autres montagnes surgissent derrière les collines aplaties : le cercle s'élargit, l'horizon tourbillonne à chaque virage comme une roue, et toujours de nouvelles crêtes plus lointaines apparaissent, déferlent comme les vagues d'un océan de montagnes. Tout se simplifie en même temps, s'organise : on découvre à perte de vue un plateau, une sorte de meule posée à plat, avec une succession de rides concentriques se poursuivant là-bas dans des nuances lilas jusqu'au bord du ciel nuageux, — le grand nœud montagneux d'Italie, où la vallée de l'Arno grave nettement son sillon comme sur une carte en relief. Le ciel, à peine pommelé au départ, se couvre à mesure que nous approchons de la région des nuages ; la bise nous fouette le visage de gouttes glaciales et ajoute l'inquiétude du ciel au tournoiement du paysage. Cependant vers le sud, dans le fond des vallées, parmi des prairies de miniature, les villages où nous étions il y a un quart d'heure se chauffent au soleil.

La désolation augmente et le caractère de stupeur. On traverse le hameau déguenillé des Case Nuove au milieu d'une panique de volaille et d'une débandade de moutons. Un peu plus loin, nous voici dans la zone des chênes. On entre enfin sur le dernier palier avant le sommet, une région de pâturages flétris en cette saison comme un champ de copeaux. Le ciel est devenu tout à fait gris. La *nebbia* court sur cette haute vallée, où la forme d'un col se dessine vaguement. Le docteur napolitain grelotte : il est dur, le premier contact, pour cet enfant de la Chiaja. Ce groupe de masures grises parmi des châtaigniers, c'est donc ce hameau de la Beccia, le village de l'Alverne, où ce disciple d'Esculape a choisi de faire ses débuts? La voiture ne va pas plus loin. Bonne chance, ami médecin! Nous reverrons-nous dans la vie? On n'est pas à plaindre après tout quand on a passé au milieu des humbles en faisant le bien : vous serez béni d'eux et de notre père saint François.

Le reste du chemin se fait à pied. Mais, ô l'étrange paysage! La *nebbia* se soulève comme un rideau de théâtre, et j'aperçois le fond du décor : te voilà, grand château de l'âme, suivant l'expression enchanteresse de l'espagnole Thérèse. J'avais beau le connaître par les photographies : c'est un saisissement. C'est bien lui, le *crudo sasso*, le caillou de l'Alverne: un énorme socle rocheux, une falaise, un bloc monstrueux jailli brusquement de la prairie, poussé comme un grand cri des entrailles de la terre. Les arbres, la légère assemblée des bouleaux au pied de l'escarpement, les hêtres immenses qui le couronnent font l'effet de touffes de pariétaires. Des crevasses verticales sculptent cette masse grise en pilastres, en tours qui lui prêtent un aspect vaguement archi-

tectural; les érosions, les gelées, l'effritement, l'usure,
les pierres éclatées donnent à cette paroi je ne sais
quoi de dramatique, l'aspect d'un Piranèse souffrant.
Parmi cette Italie de hauteurs modérées, où les sommets ne dépassent guère les altitudes du Jura, on se
trouve tout à coup devant un fragment de grande
montagne : on assiste au travail, aux spasmes de la
croûte terrestre, à cette gésine de la nature, à laquelle
ces roches tourmentées échappent comme un gémis-
sement.

Par là-dessus, elle court toujours, la rapide *nebbia*,
poussée légèrement par l'haleine du nord, secouant
des gouttes crispées comme celles qui tombent de la
toison d'une brebis qui sort d'un gué; ce crêpe enveloppe les choses et voile les lointains que j'apercevais tout à l'heure, couvrant et découvrant tour à
tour, au sommet de la roche, des toits de maisonnettes et des cônes de sapins qui paraissent et dis-
paraissent au milieu des vapeurs: c'est le couvent
dont j'aperçois là-haut les demeures mystiques per-
dues sur ce socle géant, dans ce monde sanglotant
de brumes, tout pareil aujourd'hui, vraiment, dans
toute cette grisaille anxieuse, à ces lavis à l'encre où
les vieux maîtres de la Chine excellent à rendre l'impalpable, l'indicible, l'extase et où s'essorent, sur des
rochers impossibles, parmi les torrents et le brouillard, tant d'oratoires, d'ermitages et de petites trappes
taoïstes.

On arrive au couvent par un chemin qui rappelle
tout à fait celui de Greccio. Mais le couvent est bien
différent: cette maison de l'Alverne, la maison du
grand miracle franciscain, le miracle des Stigmates,
a toujours eu dans l'ordre une importance particulière. Aucune des maisons franciscaines ne
conserve de plus grands souvenirs. Ici vit la mémoire

du doux Jean de l'Alverne. Ici l'ami de la grande Angèle et de Cécile de Florence, Ubertin de Casal, se retira pour écrire l'*Arbor vitæ*, pamphlet, apocalypse et prodigieux hymne d'amour, terrible psaume de la colère traversé d'éclairs fous de joie et d'espérance; et tout le temps qu'il écrivait, là-bas, bien loin d'ici, dans les hautes vallées de l'Ombrie, la bienheureuse Marguerite, la petite voyante aveugle de Città di Castello, lisait à mesure, à distance, comme dans un livre ouvert, tout ce qu'un furieux génie dictait au disciple d'Hughes de Digne et de Bernard Olivi. Merveilleuse constellation d'âmes ! Passions qui viennent battre ce rocher et l'assiègent comme un front pensif, un Ararat de songes au milieu des étoiles !

Sous Martin V, ici eurent lieu de véritables combats de Douaumont, entre les Spirituels et les Conventuels. Finalement, les premiers l'emportèrent et le Pape confia le couvent à la police florentine et aux riches marchands de l'*Arte della lana:* c'est pourquoi l'écusson de la puissante compagnie — l'Agneau de saint Jean portant la croix banderolée — se voit sous le porche du couvent, près du lys rouge de la Seigneurie. Cinquante ans après ces événements, Ludovic Sforza et le vénitien Alviano Orsini occupèrent militairement, avec Pierre de Médicis, chassé de Florence par Savonarole, le couvent de l'Alverne, comme un point stratégique pour tenir la République révoltée. On vit des chevaux dans l'église et des prostituées dans les cellules des moines. Ces forfaits ne restèrent pas impunis : Venise perdit Lépante, Pierre de Médicis se noya et Ludovic mourut prisonnier de Louis XII, dans le donjon de Loches.

Aujourd'hui, le couvent de l'Alverne conserve toujours quelque chose de cette fantaisie qui s'attache partout aux créations franciscaines: mais enfin, avec ses cinq cloîtres, ses trois hôtelleries, sa quinzaine d'églises ou de chapelles, nous voilà loin des petits sanctuaires de la vallée de Rieti. On voit que l'endroit est depuis toujours l'objet d'un culte spécial: la plus sainte montagne de l'univers, comme le proclame l'inscription gravée au-dessus de la porte. Toujours les dons ont afflué, en particulier ceux des riches drapiers de Florence: la laine, au xvᵉ siècle, c'est la vraie Toison d'or. Et François n'est-il pas un enfant de la balle? On s'explique que les Crésus du drap aient inondé de leurs aumônes la demeure du Petit Pauvre; de là un certain luxe qui ne se retrouve plus dans des maisons moins favorisées.

Des premières cabanes, de l'Alverne de bois du temps de saint François, il va sans dire qu'il ne reste plus trace depuis longtemps. Quelques cellules et deux ou trois fenêtres gothiques de la chapelle des Stigmates remontent encore au temps de saint Bonaventure. Tout le reste a brûlé en 1472. Cette année-là, un prince de la sainte Eglise romaine, le cardinal François Piccolomini, faisant ses dévotions au sanctuaire de son saint patron, ses gens y firent un tel feu, pour épargner à l'Eminence l'inconvénient d'un rhume, que toute la maison flamba. Le couvent, reconstruit au petit bonheur, suivant le cours irrégulier de l'argent qu'on avait, consiste en deux groupes de monuments alignés en bordure de la plate-forme qui surmonte le rocher: à l'est, le groupe principal, avec les hôtelleries, le puits, la chapelle d'Orlando et la *chiesina* précédée d'un portique, aveuglé en cette saison par des volets de planches qui en disent long sur les rigueurs de l'hiver à l'Alverne. A l'ouest au contraire, à quelque distance du couvent, se trouve le second groupe, construit sur le précipice même, comprenant la cellule de saint Bonaventure et la chapelle des Stigmates. Cette disposition est sûrement originale : nous savons que François, pour mener la vie solitaire, s'écartait de ses frères; il avait gagné au prix de mille dangers une certaine caverne à laquelle on ne parvenait qu'en franchissant l'abîme par une passerelle formée de deux troncs d'arbre, qu'il avait établie lui-même, à grand ahan de ses bras d'enfant, avec l'aide de Léon; et Léon avait l'ordre formel de ne paraître qu'une fois par jour à l'heure de matines et de se tenir le reste du temps hors de portée de la voix.

C'est là que se produisit l'apparition du Séraphin et le miracle des stigmates. Personne n'en vit rien; François lui-même s'expliqua peu sur cette scène mystérieuse. Sans doute il ne sut jamais bien ce qui s'était passé dans le ravissement. Ces circonstances singulières ont fait naître de bonne heure des soupçons et des doutes. Le miracle ne fut divulgué qu'après la mort de François, et les ennemis de l'ordre ne manquèrent pas d'insinuer que c'était une supercherie d'Elie. La critique moderne se fait de grandes illusions en se figurant qu'on l'a attendue pour se méfier du miracle. Les esprits forts sont de tous les temps. En fait, il n'y a aucune raison pour douter des stigmates. Les cas de stigmatisation sont même assez communs. En ce mercredi saint, où je suis à songer dans la brume sur la plateforme de l'Alverne, les journaux ne parlent que des nouvelles d'Elena Ajello, la petite sainte de Cosenza, chez qui apparaissent les sueurs de sang, les transes, le martyre de la couronne d'épines.

Voici ce que nous savons des faits. En 1224, le bienheureux étant monté à l'ermitage de l'Alverne aux environs du 15 août pour y faire, à son ordinaire, le carême de la Saint-Michel, dont la fête tombe le 29 septembre, il se retira, comme on l'a vu, dans une profonde solitude. Les phénomènes extatiques, les visions, les rapts se multiplièrent dans ces quelques jours d'une manière inaccoutumée. Le 17 septembre au matin, trois jours après la fête de l'Exaltation de la Croix, le bienheureux, perdu dans sa contemplation, vit venir à lui un Séraphin resplendissant de six ailes flamboyantes; le météore s'approchait d'un vol rapide, et François y discernait distinctement la forme d'un crucifié: il avait une paire d'ailes dressées au-dessus de la tête, une paire pour voler, la troisième lui couvrait le corps. Le bienheureux eut grand peur; il éprouvait en même temps grande joie et grande admiration. Il est impossible de dire le temps que dura cette vision. Les gens des vallées aperçurent le sommet de la montagne embrasé l'espace d'une heure comme d'une clarté d'incendie. La lueur fut aperçue, dit-on, jusqu'en Romagne; les coqs chantèrent et les âniers, croyant que c'était le jour, se hâtèrent de bâter leurs bêtes. En route, la lumière mystérieuse éteinte, ils reconnurent leur erreur et virent le soleil véritable se lever à l'Orient. Le bienheureux, sortant de cette vision, s'aperçut qu'il avait les pieds et les mains transpercés par des espèces de clous de chair cornée, semblables à des clous de girofle, et au flanc une plaie saignante de la grandeur d'une rose.

Pour célébrer ce miracle, les frères du couvent se rendent deux fois par jour, la nuit à l'heure de matines, dans la journée à l'heure de vêpres, en chantant et portant la croix, du chœur à la chapelle des Stigmates, où se conserve, sous une grille, la pierre sur laquelle gîsait le Père Séraphique au moment du prodige. Là, rangés dans les stalles, ils récitent l'antienne *Cœlorum candor*, tandis que deux novices agenouillés désignent du doigt la pierre, en étendant l'autre bras vers le crucifix de l'autel, et disent ces paroles: « *Signasti, Domine, hic servum tuum Franciscum.* » La procession parcourt environ deux cents mètres. Depuis l'origine, dit-on, la cérémonie ne manqua qu'une fois. Une nuit d'hiver, la tempête empêcha les moines de sortir. Le lendemain, on vit dans la neige les empreintes de pieds d'oiseaux, de biches, de daims, de lièvres, de renards, qui se dirigeaient vers la chapelle: toutes les bêtes de la forêt avaient célébré, à la place des religieux, l'office de leur petit frère. Aujourd'hui, la procession se fait à couvert. Une galerie de la Renaissance, dont on a fermé les arcades, ornée d'une vie du saint par un frère du XVIIe siècle, frère Emmanuel de Côme, réunit les deux parties du couvent.

La *chiesina* ne serait pas grande pour une église de village; elle le paraît pour une église d'ermitage franciscain. Très calme, avec une seule nef où s'alignent des autels, un transept peu saillant, elle présente ce caractère de secrète élégance qui s'attache aux pures œuvres de la Renaissance florentine. Deux baldaquins de cette pierre bleue appelée *pietra serena*, dans les bras du transept, font un effet de reposoirs. La plus belle pièce du mobilier est un buffet d'orgue doré, du temps de Sixte-Quint, ouvrage du fameux Zeffirini de Cortone, le Stradivarius du genre. Aujourd'hui, on se sert d'un orgue électrique qui est un des plus beaux du monde. L'école d'organistes de l'Alverne est célèbre. Le R. P. Vigilio Guidi continue cette grande tradition musicale. Concerts sur la cime des monts, prières qui montez vers le ciel, mêlées aux souffles de l'espace et au murmure des vents dans la harpe des forêts! C'est ici qu'un ange apparut à François, tenant un violon: l'ange n'effleura qu'une fois de son archet les cordes. « Si la note s'était prolongée une minute, confia François à Léon, je mourais de délices. » La musique ne s'est pas éteinte sur la montagne lyrique. Ce matin, l'orgue est muet, le P. Vigilio est en course dans la vallée. Je me console de son absence en me souvenant de la légende et en me répétant le mot du visionnaire de Flore: « Le véritable moine n'a d'autre bien que sa cithare. »

Le trésor de l'Alverne, c'est la douzaine de retables des della Robbia. Ce couvent est le plus beau musée du monde en ce genre d'ouvrages de terre cuite émaillée que notre Palissy appelle rustiques figulines. Art de potiers, de paysans, et en même temps de tradition immémoriale, bien plus antique que l'antiquité gréco-romaine dont se réclamait le « grand art » (témoin l'Apollon de Véies). Quelques-uns de ces retables où la palette se complique, sont de la décadence. Les plus anciens sont les plus beaux. Presque tous sont de la main d'André della Robbia. C'était un homme pieux, une âme noble et sincère : on conserve à Paris au Cabinet des manuscrits son exemplaire de Jacopone da Todi, exemplaire signé trois fois de son écriture, mais où les taches de glaise, les traces d'une main terreuse, sont bien plus éloquentes. La merveille de l'Alverne est le bas-relief de l'*Annonciation*. La Vierge, assise sans mouvement, toute blanche sur le bleu chaste qui est la nuance d'azur propre aux della Robbia, a ce pâle petit visage sans joie, ce visage d'*ancilla Domini*, beau à force de désarmante humilité, qui est celui de Madeleine Taccia, la mère de Vasari, dans le bel autel que cet artiste donna aux Carmes d'Arezzo. Dieu le Père apparaît au-dessus de la scène et envoie le Saint-Esprit dans le sein de la jeune fille. Rien ne peut rendre l'expression de son geste de pitié, et cette admiration de Dieu pour la souffrance humaine.

Mais à l'Alverne les monuments ne sont rien. Ces

légères superstructures ne doivent pas nous faire oublier le sérieux, la dure roche où elles sont bâties. La pierre où saint François reçut le sceau suprême est invisible sous sa grille. Mais les antres, les fractures du vaste entablement, les bouches caverneuses où le saint anachorète aimait à faire sa demeure ont été respectés. L'ermitage s'agrafe au sommet comme un léger décor, se pose tout à fait comme le petit pont jeté par François sur l'abîme. L'abîme subsiste avec ses pendantes parois, ses grottes, ses roches fracassées, et ce sont là les monuments du temps de saint François.

Le frère qui me guide ouvre une grille au bout de la galerie et nous voici dehors. Par des degrés taillés dans la roche, on plonge dans une espèce de cave située en talus sous le bord de la forêt, et où le jour n'arrive que glissant, glauque, oblique, défaillant, comme un souvenir décoloré du monde des vivants. Les racines, perçant en tout sens la couche de terre végétale, se tordent au-dessus de nos têtes avec des gestes douloureux. Est-ce à cause de la journée déjà froide et brouillée par elle-même? Tout prend, dans cette étroite fosse, un aspect convulsif, je ne sais quoi de pantelant. L'eau suinte de toutes parts à petit bruit de fontaine. Là se trouve dans un enfoncement une sorte de banc naturel, le lit de saint François: ce n'était pas une couche de roses. Que venons-nous faire ici, profanes, devant ces secrets d'austérité dont nous devrions respecter la pudeur? Le bienheureux s'irritait d'une sainte colère contre ceux de ses frères qui, cherchant leurs aises dans la retraite, faisaient des ermitages une sentine de voluptés. Que dirait-il de nous qui venons nous attendrir devant ces reliques d'une existence que nous ne comprenons plus? N'y cherchons-nous pas au fond un contraste et un excitant, un sujet de triompher de ces simples d'autrefois et de leurs étranges pratiques de mortification? Sachons reconnaître au moins les mouvements d'une grande âme, les gestes héroïques par où elle s'entraîne à saisir le divin.

La faille où nous sommes descendus continue sous la galerie par un coude en équerre, qui dessinerait en plan la forme d'un A majuscule. On descend encore des degrés, peut-être une cinquantaine, et l'on se trouve, à bout de jour solaire exténué, mourant, dans un site tragique et extraordinaire: un puits, une profonde citerne, une sorte de gouffre obscur, étranglé par le haut entre des roches vives qui bouchent à peu près l'orifice supérieur, si bien que l'on n'y peut descendre que par cette étroite échelle qui s'y insinue par une fente latérale. Pour achever l'impression de ce lieu d'agonie, une roche gigantesque, d'un poids incalculable de millions de kilogrammes, pend on ne sait comment, détachée aux trois quarts, comme le claveau central d'une voûte désarticulée et demeure là en l'air, arrêtée à trois mètres du sol, faisant peser sur cette grotte la terreur de son effroyable marteau-pilon. C'est le *Sasso spicco*. On raconte que le 12 janvier 1867, à l'heure où le commissaire du nouveau royaume d'Italie venait prendre possession du couvent et consommait le sacrilège d'en expulser les religieux, le bloc monstrueux glissa tout à coup et se fixa dans cette position menaçante. On ne peut rendre, au fond de cette cave, le malaise pénible, l'angoisse, dans le demijour sépulcral, de cette sensation d'écrasement. Une grande croix de bois, appuyée à crû sur la roche, rappelle le sujet des méditations de François au fond de ce tombeau.

Ici François, pendant le carême des Saints Anges qui précéda le prodige, eut une révélation capitale :

un ange lui apprit que ces déchirures, ces pathétiques traumatismes des montagnes *étaient contemporains de la Passion du Sauveur.* Ces blessures, ces clameurs, ces vastes effrois géologiques, ces contractions des grands enfantements de la terre, étaient pour lui le cri du drame du Salut, le soupir de la nature s'échappant par toutes ces crevasses avec le dernier soupir du Rédempteur : c'était le Calvaire de la terre et le craquement de ses os, c'était l'unique histoire du monde écrite par Dieu même, comme par les vieux rois d'Assyrie, au livre de la pierre; c'était l'angoisse de l'univers en travail du salut et l'éternel Vendredi saint, comme il est dit au texte sacré : « *Lapides scissae sunt.* »

A cet endroit nous touchons le roc : voilà des documents. Ces pierres, ces rochers ont quelque chose à nous dire. Nous voilà loin de *Parsifal* et de la cantilène douceâtre du *Charfreitags-Zauber!* Qu'on nous parle un peu moins du faucon de l'Alverne et de ces misérables rengaines sentimentales, sur lesquelles se pâment jusqu'aux libres-penseurs; pour Dieu! qu'on nous fasse grâce des capucinades de M. Homais. Pierres, rochers farouches, incorruptibles témoins qui ne savez pas mentir, parlez-nous de François : je ne veux croire ici que vous.

CHAPITRE IV

L'ÉVANGILE DES CREVASSES

Arvède Barine, cette femme d'un si beau talent, a écrit un jour : « Je doute qu'il y ait eu un autre saint ayant joui autant que saint François de la création... C'est pourquoi, entre tous les couvents, il aima celui de l'Alverne. » Qui ne sent que ce mot de jouir est déplacé et que ce n'est pas ainsi qu'on rend compte des motifs et des idées de saint François?

D'autre part, Jacob Burckardt, dans son livre classique sur la *Renaissance en Italie*, a un chapitre fameux sur la découverte des montagnes. Il veut que le premier alpiniste soit Pétraque, et la première ascension celle qu'il fit du Ventoux. Est-ce que je rêve? Et Subiaco? Et le Mont-Cassin, la Grande Chartreuse? Et le vers proverbial:

Bernardus valles, montes Benedictus amabat?

Et saint François, qui ne peut voir une montagne sans y grimper et qui, en dix années d'une existence fort occupée, a trouvé le moyen de faire six fois l'ascension de l'Alverne?

Jamais nous n'arriverons à comprendre saint François, si nous ne cessons de nous substituer à lui. Sa Pauvreté ne ressemble pas à notre socialisme; la nature, qu'il sentait si vivement, il en avait un sentiment tout différent du nôtre. Pour ce qui est des stigmates, il est clair que c'est le point où nous sommes peut-être le plus éloignés de lui. Pour restituer aux faits leur véritable dignité, il faut absolument sortir de l'atmosphère moderne et tâcher de pénétrer dans l'âme de saint François, de reconstruire son monde intime, de rentrer dans la poésie qui, avec lui, est toujours la plus profonde vérité.

Je ne me dissimule pas les risques de l'entreprise. Il y aura toujours un élément irréductible; toujours le plus précieux, la partie la plus spirituelle, nous fuira entre les doigts. Nos analyses sont comme ce crible dont parle le prêtre qui notait les confidences d'Angèle de Foligno: elles laissent échapper la fleur, ne retiennent que le son. Saisir le mystère d'une âme! Pourtant on peut fixer quelques groupes de faits, qui guident la rêverie, laissent deviner le reste.

Reprenons ces faits un à un. En 1224, au moment de l'Alverne, il y a déjà trois ans que François n'est plus général. En 1220, au retour de Syrie, il a donné sa démission, fait nommer Pierre Cattaneo à qui, au bout de six mois, succède frère Elie. Que s'est-il passé alors? Nous ne le saurons jamais bien. Sans doute a-t-il voulu s'effacer par humilité, par esprit de pénitence et de renoncement. Peut-être aussi comprenait-il que l'ordre, par son incroyable accroissement, avait changé de nature : il n'était plus l'homme qu'il fallait pour ce gouvernement; on avait besoin de ressources, de facultés qui lui manquaient. Enfin, sa santé était en ruines. A quarante ans, il était vieux, vieux de fatigues, de campagnes, d'usure, de surmenage. Il devenait aveugle; les organes se délabraient, la machine ne fonctionnait plus. Il s'était donc retiré, avec beaucoup de courage. Il n'était plus que « le Frère », ne conservant dans l'ordre que certaines fonctions honoraires difficiles à déterminer, et son autorité morale. Il est très curieux que les deux règles de 1221 et de 1223 soient l'œuvre d'un homme qui n'avait plus de titre officiel et qui avait spontanément abdiqué le pouvoir.

Cette contradiction singulière, tranchons le mot, cette situation assez fausse se retrouve dans les sentiments de François. Quelles qu'en soient les raisons, la décision qu'il avait prise est de celles qui coûtent à l'amour-propre. C'est une des plus rudes violences qu'on puisse se faire, que de mourir vivant, de n'être plus rien quand on était tout. Ces abdications de Charles-Quint ne vont guère sans des retours passionnés, de puissantes nostalgies du pouvoir. On se fait une pauvre idée des saints, si l'on se figure qu'ils sont faits d'une autre argile que nous. Chez un chef-né comme François, chez un prodigieux meneur, qu'on imagine quel arrachement! Se dépouiller de l'autorité, retourner dans le rang quand on a commandé en chef, n'être que le premier grenadier de France, avec l'honneur d'un maréchal, il y a dans cette situation, même acceptée de très bonne foi, quelque chose de paradoxal dont tout le monde devait souffrir, à commencer par saint François. On ne peut pourtant pas exiger que son sacrifice se fît sans combats. Sa mauvaise santé n'était pas pour les rendre plus faciles. Les jours où ses maux lui donnaient du relâche, où les nerfs prenaient le dessus, il devait regretter un moment de faiblesse. Depuis qu'il ne dirigeait plus, il voyait bien que tout allait de mal en pis. Son œuvre lui échappait. Il devait être tenté de faire un effort désespéré pour la ressaisir. Pour tout dire, il était entré dans la grande amertume : c'était la fin, la grande misère, l'épreuve suprême de la vie.

Délices des premiers jours, charme des fiançailles,

douceur de la jeune espérance, enchantement des départs! Beaux matins de la Portioncule, qu'êtes-vous devenus? « Votre nom, dit le Cantique, est comme un parfum répandu, et c'est pour cela que les jeunes filles vous ont aimé. » Les jeunes filles, c'est-à-dire (explique M. Henri Brémond), les puissances élémentaires de l'âme, les forces affectives, le cortège des émotions. A l'Alverne, c'est autre chose. L'horizon devient plus sévère. On monte, mais le chemin se fait rude. On sort des pentes de fleurs, on arrive aux sommets et aux escarpements.

Il en est ainsi naturellement dans toute espèce de vie, et on ne voit pas pourquoi les saints feraient exception. Comme dit le peuple, on mange son pain blanc le premier. La suite, quand ce serait le triomphe et l'apothéose, a perdu son attrait : la vie n'a plus d'illusions, partant plus de sourires. François lui-même, avec sa nature de poète, l'avait bien prévu dès le début. Aux commencements de l'ordre, il disait à ses frères effrayés de leur petit nombre : « Courage, les camarades arrivent! La France accourt, l'Espagne se hâte, les Allemagnes s'ébranlent... » D'autres fois, pour les consoler de leurs peines présentes, il leur faisait voir que jamais ils ne seraient plus heureux : « Les premiers fruits seront délicieux, les suivants médiocres; à la fin, il ne s'en trouvera plus que d'amers... » Ils étaient venus, ces fruits de dégoût.

Je ne veux pas revenir sur cette querelle de la Règle, qui déjà minait l'ordre, le menaçait de schismes et d'éternelles discordes. Mais il est certain que dès cette époque des fissures s'étaient produites. L'unité était compromise. Déjà la pensée s'altérait. Les traces de ces tristesses apparaissent très visibles même chez un écrivain aussi juste-milieu que Celano. Parfois le malade se soulevait sur son lit de douleurs et s'écriait:

« Mon ordre !... Qui sont les loups qui me l'ont arraché ?... Mais vienne le chapitre, ajoutait-il d'une voix sombre, je leur ferai bien voir que je suis encore là ! » Mon ordre ! Cri tragique, révolte du chef dépossédé ! D'autres fois, il se résignait, disait qu'il lui était égal de vivre ou de mourir. Il lui échappe des mots de colère : « Qu'ils vivent à leur guise ! » disait-il d'une voix farouche, en pensant à ces frères qui ne lui obéissaient plus, et qui pourtant auraient bien voulu un mot de lui pour approuver leur manière de vivre. Ou bien il murmurait avec abattement : « Elie, Elie ! Tu as multiplié notre monde, mais tu n'as pas multiplié la joie. »

Telles sont à peu près ses pensées au moment du dernier voyage de l'Alverne. En somme, il est en train de gravir son calvaire. Jamais la lutte n'avait été plus dure. Loin de diminuer, les tentations redoublent. Ce surnaturel noir, sur lequel les biographes modernes se montrent si discrets, l'enveloppe de ses ombres; l'orage le tourmente de plus belle. Les vieux auteurs, heureusement, n'ont pas cette pudeur; ils aiment voir saint François aux prises avec le diable. Ils ne croient pas diminuer les saints en les montrant dans la tempête.

Cela avait commencé en route, et c'est un deuxième groupe de faits. C'était le second soir du voyage, dans une église abandonnée : à peine le bienheureux s'est-il mis en prières pour la nuit, que voilà les démons qui arrivent de partout avec des ricanements, des murmures, des bruits de grattements: ils le tracassent, le houspillent, le travaillent, l'accablent de menaces et de reproches, et lui cependant de leur crier : « Courage! Torturez, bourreaux, faites le pis que vous pourrez : brisez, rompez ce corps, je n'ai pas de plus grand ennemi! » Il sortit de là si démoli, qu'au matin il faisait pitié; les frères durent emprunter un âne pour le porter.

Les assauts reprirent sur l'Alverne plus violents que jamais. Il y a là, au-dessus de la chapelle des Stigmates, une corniche de la roche, une sorte de chemin de ronde séparé aujourd'hui de l'abîme par une rampe de fer ; de là, on surplombe le vide de la hauteur des tours de Notre-Dame ; sous ce balcon est un retrait, de quoi loger un cercueil, comme dans la cavité d'un sarcophage ; les aigles nichent dans ce trou. Une nuit, le bienheureux voulut se couler là en se glissant le long de la corniche, au risque de se rompre le cou. Qu'arriva-t-il? Le vertige le prit ou le pied lui manqua, ou, encore une de ces sueurs qui parfois énervent les plus braves : brusquement, il sentit le diable pendu à ses épaules, qui le secouait de toutes ses forces pour le précipiter. Jamais il ne sut ce qu'avait duré cette bataille internale, ce corps à corps au bord du gouffre, ni comment il s'en était tiré.

Dans ces occasions, qui d'ailleurs présageaient à l'ordinaire de grandes grâces, il avait (troisième groupe de faits) un allié céleste. Si la lutte était rude, le secours était puissant : ce n'était rien moins que l'Archange des combats, le grand baron saint Michel. Comment concevoir une vie de saint François où le premier soldat du monde ne joue pas un rôle essentiel? C'est comme si l'on écrivait une vie de Jeanne d'Arc dont le radieux Archange ne serait pas le personnage capital ; il y compte beaucoup plus que les Baudricourt, les Charles VII et les sages politiques qui gouvernaient si bien et si prudemment le royaume. Et quel plaisir de trouver que François et Jeanne d'Arc ont le même patron et le même général !

Ce sont des choses qui étonnent, dans ce siècle

de pieds-plats où un démagogue se vantait d'éteindre les étoiles. Nous ne croyons guère aux démons : hélas! nous y perdons beaucoup, car nous avons perdu nos anges. Nous n'y pensons même plus. Nous ne nous doutons plus du degré d'intimité, de familiarité avec lequel le moyen âge pensait aux choses divines : que n'était pas pour nos pères cette amitié du ciel? Jacques de Voragine, dans la *Légende dorée*, a un mot surprenant : les anges, il les appelle nos frères et nos concitoyens. Ils forment les cadres d'une armée dont nous sommes la réserve ou la territoriale. Sans métaphore : c'est la pure doctrine du christianisme. Qu'on lise l'hymne splendide d'Adam de Saint-Victor :

> *O quam mirae caritatis*
> *Est supernae civitatis*
> *Ter terna distinctio :*
> *Quae nos amat et tuetur,*
> *Ut ex nobis restauretur*
> *Eorum diminutio...* (1)

« C'est aux hommes de parfaire leurs rangs éclaircis : c'est à nous de combler les vides de l'effectif et de remplir les files creuses depuis la chute des mauvais anges ». Littéralement, nous sommes de la graine d'anges, comme chaque troupier est de la graine de maréchal. Veut-on une preuve significative? Voyez dans Celano, ou aux fresques d'Assise, la vision de frère Pacifique : il aperçoit dans le ciel une série de trônes inoccupés, et il lui est révélé que le plus beau et le plus brillant est réservé à saint Fran-

(1) O spectacle d'amour, harmonie de la Cité céleste, angélique hiérarchie des neuf Chœurs ! Armée de saints défenseurs, ils nous appellent à l'honneur de combler les vides arrivés par la chute des mauvais esprits.

çois, qui était encore en vie, et que c'était le trône de Lucifer.

Que savait saint François sur le monde des anges? Il n'avait pas besoin d'être grand clerc pour être aussi savant que tous les autres chrétiens de son temps. Il ne pouvait pas ignorer que les premières définitions du concile du Latran, tenu en 1215 (celui qui condamna les erreurs de Joachim de Flore), portent sur l'ordre de la Création et la nature des anges. Deux des œuvres les plus extraordinaires d'Italie, ce sont les coupoles des baptistères de Parme et de Florence. La zone supérieure de ces coupoles est occupée par de grandes figures flamboyantes qui représentent les neuf chœurs de la hiérarchie céleste : rien de plus magnifique que ce cercle de guerriers ailés, cette garde de génies du ciel, chacun avec ses armes, son uniforme, son équipement, les couleurs de sa troupe et de son régiment. Saint François a vu certainement la coupole de Parme, dont les fresques sont du XIIe siècle : et ce n'est pas pour rien que la plus ancienne représentation du miracle de l'Alverne se trouve au baptistère de Parme.

Entre tous les anges (l'Écriture n'en désigne que trois par leur nom), saint François avait un culte spécial pour le prince de la milice céleste, l'Archange saint Michel. Pas un de ses ermitages où l'on ne trouve une chapelle dédiée à saint Michel. Tous les ans, il avait coutume de faire le carême de la Saint-Michel. Dans presque toutes les églises franciscaines, à la basilique d'Assise, à Florence, Naples, Arezzo, on rencontre à une place d'honneur l'histoire de saint Michel.

Il y a en Italie un pèlerinage célèbre, c'est celui du mont Gargan, au fond des Pouilles, non loin de l'antique Siponto, où l'Archange était apparu pour la première fois dans une grotte et

avait signalé sa présence par des miracles; on y
allait de Bari, ou plutôt sur le chemin de Bari, qui
était le grand port du sud de l'Adriatique, le point
d'embarquement pour le voyage des Lieux saints. Il
est presque hors de doute que François s'est embarqué
à Bari pour l'Egypte : c'était l'itinéraire classique, et
ce n'est pas s'aventurer beaucoup que d'en conclure
qu'il aura fait en route le pèlerinage du mont Gargan. C'est là que l'évêque d'Assise, le jour de la mort
de François, connut cette mort par une vision. Notre
mont Saint-Michel, celui de la chanson de Roland,

A Sainct Michiel de la mer del perilz,

est une réplique du sanctuaire italien. En 1228, deux
ans après la mort de François, l'année de sa cano-
nisation, on sculptait dans le cloître le portrait du
nouveau saint : ce n'est pas une rencontre fortuite
si la première image française de saint François est
celle du Mont Saint-Michel.

Voilà des faits qui permettent d'entrer dans l'âme
de François, de nous peindre son atmosphère, de
nous représenter son monde intérieur. On ne saurait
s'exagérer l'importance de ces faits ou, si l'on préfère,
de ces images. Chacun de ces anges a son rôle et sa
fonction spéciale, et ce n'est pas saint François qui
s'y serait trompé. On ne confond pas les charges de
cour, les charges de l'Etat et les ministres subalternes,
baillis, prévôts, etc.; on ne prend pas l'un pour
l'autre les différents corps d'une armée, la Garde
du prince, les garnisons et les troupes de place,
et les troupes légères chargées des coups de main, qui
portent la guerre chez l'ennemi. Il en va de même de
la hiérarchie céleste. Saint François ne confond pas
les Chérubins avec les Séraphins, et ceci va plus loin

qu'on ne pense. Les Séraphins, ces êtres de feu qui se tiennent devant la face de l'Eternel comme des porteurs de *flabellum*, ont des attributions extrêmement particulières. L'Ecriture ne les mentionne qu'une fois dans un passage d'Isaïe : un de ces génies enflammés prend avec des pincettes un charbon ardent sur l'autel et en purifie les lèvres du prophète. N'est-il pas singulier que ce soit cette créature extraordinaire qui se présente à François dans la nuit de l'Alverne, exactement pareille à la description d'Isaïe, et précisément pour lui imprimer comme avec un fer rouge les brûlures et les cicatrices de la Crucifixion?

Quelles sont les fonctions de saint Michel? Ouvrons encore une fois Jacques de Voragine. On voit d'abord que saint Michel est l'archange des montagnes. Toutes les hauteurs, tous les clochers sont dédiés à saint Michel. Toutes ses apparitions, celle du Gargan aussi bien que celle du mont Tombe (c'est l'ancien nom de l'île normande, qui se conserve encore dans sa voisine de Tombelaine) se font sur des sommets : la dernière aura lieu à la cime du Calvaire. A Rome, il apparaît sur la plateforme supérieure du mausolée d'Hadrien, devenu pour cette raison le château Saint-Ange. A l'Alverne, saint François devait retrouver saint Michel : à deux lieues de là est Caprese, le village de Michel-Ange.

Personne n'ignore que l'archange Monseigneur saint Michel est le grand adversaire du diable et qu'avant le commencement des siècles, lorsque l'ange favori du Très-Haut leva le drapeau de la révolte et tenta de débaucher ses frères, c'est lui qui prit le parti de Dieu et précipita le rebelle orgueilleux dans l'abîme. Mais ce que nous ne savons plus, c'est la conséquence de cette défaite. Les esprits infernaux ne peuvent plus habiter le ciel. Ils ne peuvent vivre sur la terre, qui est le séjour des chrétiens, à moins de

réussir à entrer dans le corps d'un homme ou d'une
bête. C'est pourquoi ils font leur demeure des vagues
espaces de l'air, que leurs légions infestent en nombre
incalculable, en nuées plus pressées que les mouches,
« innombrables comme ces poussières qu'on voit dans
un rais de soleil » :

> *Suggestor sceleris*
> *Pulsus a superis*
> *Per hujus aëris*
> *Oberrat spatia.* (1)

chante Adam de Saint-Victor. Là ils créent les orages,
fomentent les troubles de l'atmosphère, cherchent
par ruse un cœur, des regards, une bouche où s'insinuer; surtout ils guettent au passage les âmes expi-
rées et tentent de les intercepter dans leur voyage
au ciel. Alors l'Archange qui voit tout se précipite à
la rescousse et ce sont, autour de la pauvre âme ef-
frayée, des luttes comme celle dont parle l'Epître de
saint Jude, lorsque saint Michel, sur la tombe de
Moïse, se battait avec Lucifer.

Cette présence des démons dans les campagnes de
l'air fait le danger des hauteurs, et voilà pourquoi
saint Michel fait bonne garde sur les montagnes. On
s'explique que saint François, qui passait sa vie
sur les cimes, eût grand besoin de l'Archange.
Avec tout son courage, peut-être ne s'y fût-il
pas risqué s'il n'eût été assuré d'un tel compagnon
d'armes. Mais ce rôle de protecteur céleste, s'il est
la plus populaire des fonctions de l'Archange, n'est
pourtant pas la seule, ni la plus importante.

Une de ces fonctions est de réfréner les tentations.

____

(1) Le conseiller du crime, précipité des cieux, parcourt
sans se lasser les campagnes de l'air que nous respirons.

Exemple : le combat de Jacob avec l'ange. Mais la plus remarquable est assurément la suivante : *graver dans notre esprit la mémoire de la Passion du Sauveur*. Pourquoi? Cela repose sur des déductions un peu subtiles, mais il ne faut jamais être surpris des subtilités du moyen âge et de la poésie qu'il réussit à en tirer.

On sait quel sera le rôle du chevalier céleste dans la bataille des derniers jours contre le dragon de l'enfer. On sait que c'est déjà lui qui a été chargé de châtier l'Egypte, de conduire Israël au désert, de lui ouvrir la mer, de porter la colonne de feu : c'est lui qui, au moment de déchaîner les « plaies », avait marqué d'un signe les maisons épargnées.

Or, il est dit dans l'Apocalypse : « Ne nuisez pas à la terre, à la mer ni aux arbres, jusqu'à ce que soient marqués du sceau les serviteurs de Dieu ». Quel sceau? Ezéchiel nous l'apprend : « *Signa thau in frontes hominum gementium... Super quem videris thau non occidatur...* Fais un signe sur le front des hommes qui gémissent et qu'ils ne soient pas mis à mort. » Qu'est-ce que ce signe qui garde du courroux de l'Eternel? C'est la dernière lettre de l'alphabet hébreu, et cette lettre a la forme d'un T. Job dit « Voici mon *thau* », ma signature. Or le *thau* a toujours passé chez les Pères pour la figure de la croix. Saint François avait adopté cette sorte d'hiéroglyphe. La bénédiction de frère Léon, écrite sur l'Alverne, et dont l'autographe se conserve au *Sacro Convento*, est signée d'un T sortant d'une tête de mort.

Voilà pourquoi l'Archange qui imprime le *thau* sur le front des hommes qui gémissent, se trouve être le maître qui nous enseigne la pénitence; voilà pourquoi (comme c'est lui qui pèsera nos âmes au dernier jour) c'est à lui que, dans le *Confiteor*, tout de suite après Dieu et la Vierge, nous faisons la coulpe de nos péchés ; voilà pourquoi l'anonyme de Rieti, parlant de la chapelle de Saint-Michel élevée par François à Fonte-Colombo, l'appelle un oratoire *amicum meroribus*, un oratoire ami de la mélancolie et bien fait pour porter à la contrition. Enfin, toutes les apparitions de l'Archange, depuis celle du Gargan jusqu'à celle du château Saint-Ange, se font dans des grottes et des cryptes, comme ce caveau de l'Alverne où eut lieu la révélation dont j'ai parlé plus haut.

Archange des montagnes, saint Michel parmi les nuages ! C'est lui que François trouvait d'abord sur les rochers de l'Alverne et dans l'horreur de la vieille falaise des Herniques. Il était l'habitant de ce grand château dans les brumes. De là, le saint suivait les combats de l'Archange dans le drame des orages, le tonnerre de ses armes, l'éclair de son épée. Son esprit devançant les temps assistait, dans le cataclysme de la nature, à la péripétie qui terminera l'histoire, lorsqu'au dernier des jours les morts sortiront du tombeau à la diane de l'Ange, et qu'il reparaîtra à la droite du Juge, portant dans ses mains, sur des linges, les instruments du salut et du jugement des hommes, les reliques de l'Evangile et celles de la croisade. — la croix, les clous, la lance et la couronne d'épines.

Telles sont quelques-unes des pensées qui occupaient François dans ces grottes, ces ténèbres et ce chaos du *crudo sasso*, le jour où il connut que ces grands bouleversements de la Genèse étaient la trace de la Semaine Sainte, et où l'Archange qui imprime la Passion dans les cœurs lui révéla la muette énigme, l'Evangile des crevasses.

CHAPITRE V

PASSIFLORE

Cette leçon étonnante n'étonna pas François: il savait, comme tout le monde savait au moyen âge, que tout a un sens dans la nature, que tout est là pour servir, instruire, éclairer l'homme. Il savait que la roche du Pas de Roncevaux conserve dans sa faille gigantesque l'impression du tranchant de la grande Durandal:

> *Rollant ferit en une pierre bise...*
> *L'espee cruist, ne fruisset ne ne brise...* (1)

Il savait que tout a un secret, une histoire, un mystère. La révélation de l'Archange et cette prodigieuse poésie ne pouvait le surprendre. Mais elle cristallisa puissamment ses méditations.

Résumons la situation. Dans l'été de 1224, à cette heure de son sixième voyage sur l'Alverne, François, à quarante-deux ans, est un homme fini, archi-usé, malade, un général démissionnaire et assez mal résigné à l'être, souffrant de sa retraite et de son impuissance, souffrant du tour nouveau qu'il voit donner à sa pensée, essayant vainement de la consolider par des cadres aussitôt enfreints et par des

(1) *Chanson de Roland*, v. 2339-41.

règlements aussitôt débordés. Il est à cette heure redoutable qui arrive dans la vie de tous les grands initiateurs, l'heure du *Sic vos non vobis*, où l'on voit qu'on n'a pas travaillé pour soi-même, que l'enfant qu'on a mis au monde se rit de vous, qu'on n'a été qu'un instrument, un outil écarté après avoir servi. C'est la trahison de la vie et sa fatale ingratitude ; c'est le jardin de Gethsémani. Il ne reste plus qu'à mourir. Voilà le prologue du mystère.

C'est dans ces pensées, dans ces doutes, ces tentations d'abattement que commence sur l'Alverne le carême de la Saint-Michel. Sur cette montagne, où un aimant secret l'attire depuis tant d'années, il attend, à ce voyage, une consolation singulière. Il pressent un événement. Il le sent à la force des attaques du démon : il va se passer quelque chose. François se voit parvenu aux portes d'on ne sait quoi d'inconnu. A ce moment, comme à l'heure la plus solennelle de son histoire, à cette heure où, quinze ans plus tôt, avec Bernard de Quintavalle, il s'est agi de faire un choix et de décider de sa vie, il s'en remet au ciel, il consulte l'oracle. Il ouvre trois fois de suite le livre des Évangiles. Le livre s'ouvre trois fois sur le récit de la Passion. Alors il connut ce qui l'attendait et que c'était son heure de souffrir à son tour. Il se retire dans la profondeur de la grotte du *Sasso spicco.* Il se fait semblable pour quarante jours au pélican de la solitude, semblable à l'oiseau de nuit dans le trou des ruines, *sicut nycticorax in domicilio.* C'est alors que l'ange lui révèle le mystère des crevasses.

« Dans les cavernes de ses blessures, je me cacherai, vivrai blotti, inutile de me chercher ailleurs, impossible de m'y dénicher. Je m'y ferai trois tabernacles, l'un dans ses mains, l'autre dans ses pieds, le troisième et le plus cher dans la plaie de son côté ; là, je veux reposer, dormir ; là sera ma seule nourriture, là toute ma lecture et toute mon oraison. » Ainsi parle l'auteur inconnu du *Stimulus amoris*, traité franciscain du XIII° siècle, et c'est presque dans les mêmes termes que Celano parle de saint François: « Il recherchait avec une affection spéciale les déserts et les solitudes et là il faisait sa demeure dans les plaies du Sauveur, *in vulneribus Salvatoris diutius residebat.* » Sourions, si nous voulons, de ces idées de l'autre monde ; prenons en pitié, du haut de notre science d'hier, ces conceptions ingénues qui rapportent tout à un seul objet et ne voient que lui dans la nature: du moins, cet objet était grand. Ils n'avaient, ces pauvres enfants qu'une mesure de toutes choses, — mais cette mesure était Dieu. Tout était plein de lui. Il n'était arrivé qu'un seul événement depuis la création, c'était le drame du Calvaire. Le monde n'était pas un univers insensible, et les pierres elles-mêmes pleuraient.

On voit à la Portioncule, du côté de l'abside, une fresque singulière; singulière par le sujet, car l'exécution en est assez médiocre. Cela représente un Calvaire, mais un Calvaire où le crucifié compte à peine; le véritable sujet est à terre, au pied de la croix, dans la douleur des assistants, parmi lesquels se trouve saint François. On reconnaît aussitôt le thème, une vieille question de Barthélemy de Pise, agitant le point de savoir qui a le plus souffert de la Passion de Jésus, qui a mérité le prix dans cet étrange concours, de la Mère, du Disciple bien-aimé ou de saint François d'Assise. L'auteur donne gravement le troisième rang à celui-ci, tout de suite après la Sainte Vierge et saint Jean, comme s'étant approché le plus près de la douleur divine. Je m'étonne qu'il n'ait rien dit de Madeleine; François ne l'aurait pas oubliée.

Ce qui est certain, c'est que l'objet de la prière de

François, dans son carême de l'Alverne, ce fut de supplier le Christ de lui permettre de s'identifier à lui, d'éprouver dans sa chair aussi fidèlement qu'il se pourrait les douleurs de sa sainte Passion. Les fêtes de la liturgie, en cette saison de l'année, l'y invitaient d'elles-mêmes: la Nativité de la Vierge (8 septembre), Notre-Dame des Sept-Douleurs (troisième dimanche de septembre), l'Exaltation de la Sainte-Croix (14 septembre). C'étaient autant d'étapes, de stations du chemin, autant de clous qui enfonçaient, retournaient l'idée fixe.

Cette soif de douleurs, que François cherche, dans ces montagnes, à irriter encore, nous paraît aujourd'hui chose bien déraisonnable. Pourquoi te frapper, cruel? D'où te vient cette rage de souffrir? Pourquoi cette passion insensée, cette fièvre, ce délire de larmes? Tout cela renverse nos idées. Un tel artiste, un homme si délicat, si fin, si épris des belles choses, avoir en même temps ce goût horrible des épines, cette manie de souffrances, comment comprendre ce mystère? Il est vrai que François était gai. Frère grognon n'était pas son homme. Il se méfiait des fronts soucieux et des airs taciturnes, ne voulait voir autour de lui que visages riants et gracieux. Bouder, faire grise mine à la vie, lui semblait de petit courage. Dieu nous garde du péché de tristesse! Chez moine gai, le diable perd sa peine. Bataille où l'homme ne va de bon cœur est bataille à moitié perdue.

François donnait l'exemple. Au milieu de ses carêmes, de ses pénitences impossibles, de ses prouesses d'austérités, il avait le secret d'une miraculeuse allégresse. Il pouvait s'affliger sans mesure et ne pas perdre pour cela le principe de la joie la plus vive: il ne s'affligeait pas pour lui-même. C'est sur un autre qu'il pleurait. Ses larmes sont des larmes

d'amour. Oserai-je un aveu? Dans la grotte du
Sasso spicco, il m'est arrivé de songer à ce héros de
roman, mis au secret par un méchant prince tout
en haut de la tour de Parme : à la surprise du jeune
homme, jamais il ne s'était senti aussi heureux que
dans sa prison. Sa passion l'occupait. Pour un cœur
passionné, le bonheur, le malheur n'ont peut-être
aucun sens : transports, tourments, refus, rigueurs,
caprices, désespoirs et même la peine la plus dure,
l'absence, tout est plaisir, puisque tout l'agite, tout
l'occupe de ce qu'il aime. On cesse d'exister pour soi,
on est déchargé du fardeau de la vie.

La prière franciscaine!... Comment la rendre claire
pour nous, qui ne prions plus guère, ou chez qui la
prière n'est qu'une forme de la mendicité? Nous
ne connaissons que la demande ; à peine si nous
savons, et encore du bout des lèvres, ce que c'est que
l'offrande. Il semble que cette prière puisse se ramener à deux types principaux. Le premier, dont il
nous reste quelques exemples dans les écrits du saint,
est du genre de l'*Hosannah* ou de l'action de grâces :
le mouvement le plus ordinaire est une sorte d'exaltation et de rebondissement, une série d'exclamations
où de strophes qui se succèdent comme des vagues,
où l'esprit s'empare d'une idée et la reprend avec
fougue dans un délire de *crescendo* : c'est le thème
des Psaumes, celui du *Magnificat*, celui de la Pré-
face du canon de la messe, et qui devient, chez François, le poème appelé la *Laude*, dont le plus bel
exemple est le *Cantique des créatures*. Et c'est en
dire assez sur ce genre retentissant que d'y désigner
la forme la plus noble du lyrisme.

La seconde forme est plus intime, plus tendre, plus
secrète : ce n'est plus l'élan qui transporte, c'est une
effusion intérieure, une contemplation attentive, ce

qu'on appelle la méditation. Ici, force est de tâtonner, de deviner un peu, car les précisions manquent et l'on ne peut plus procéder que par à peu près et par analogies. Cependant, il est permis d'entrevoir quelques lueurs.

Toute la vie de François, je l'ai dit, n'est qu'une croisade. Depuis le crucifix qui lui parlait à Saint-Damien, jusqu'à la scène de l'Alverne, sa pensée n'est qu'une obsession continuelle du Calvaire, une plainte de cette agonie, de ce sang répandu en vain, de l'immense abandon de Dieu.

Il gémissait encore là-bas dans la désolation de cette aride Judée, roi sans royaume, sa terre aux mains de l'ennemi, prisonnier jusque dans le tombeau. Cette passion infinie, cette douleur qui n'avait plus de terme, cette pitié de Dieu, elle pénétrait les cœurs, bien vive et bien poignante. Il semblait que ce fût toujours la scène de la nuit des Oliviers ; chacun entendait dans ses songes le même doux reproche : « Quoi ! ne peux-tu veiller même une heure avec moi ? »

Cette compassion fit la croisade. François n'y put tenir, l'Italie lui brûlait les pieds. Revenu de là-bas, ayant contemplé les Lieux saints, mis ses pas dans les pas du Sauveur, ayant assisté à l'échec de l'armée chrétienne, vu de près sa faiblesse, deviné le fatal naufarge, il vivait comme un corps sans âme, plus ému que jamais de cette détresse sans secours, de cette solitude, de cette divine misère.

Avec des fragments de psaumes, avec ces lamentations de la poésie juive, ces vieux cris frénétiques qui nous troublent encore et que les enfants d'Israël répètent depuis des siècles dans la sainte Jérusalem au pied du Mur des Pleurs, il avait composé un office de la Passion qui est une de ses œuvres les plus originales, le premier office de ce genre qu'il y ait eu dans l'Eglise. Le sentiment propre de l'Eglise, héritage de la tradition grecque, est une nuance de joie délicate, d'une qualité toute hellénique ; l'Eglise a hésité longtemps avant d'admettre les émotions douloureuses ; elle enveloppe la mort de pudeur, ne veut voir dans le sang que la rose des martyrs. Dans cette joie surnaturelle, d'une lumière platonicienne, l'office franciscain de la Passion éclate avec un accent tout nouveau :

« O vous qui passez sur le chemin, arrêtez et voyez s'il est une douleur égale à ma douleur...

« Ils ont percé mes mains et mes pieds, et ils ont compté tous mes os.

« Mon sang a coulé comme l'eau, mes ossements ont été dissipés.

« Mon cœur s'est fondu comme une cire au sein de mes entrailles.

« Ma force s'est desséchée comme un tesson, ma langue s'est collée à ma gorge.

« Ils m'ont donné du fiel à manger ; j'avais soif et ils m'ont donné à boire du vinaigre. »

Par de telles images, François, dans sa grotte de l'Alverne, s'entraîne à la douleur. Rien qui puisse le distraire, pas même le mouvement du jour : il est là dans un trou d'où on n'aperçoit pas le ciel. Une seule fois toutes les vingt-quatre heures, il entend la voix de Léon au bout de la passerelle disant : « *Domine, labia mea aperies* ». François répond : « *Et cor meum laetabitur in te* », et Léon lui apporte du pain et un peu d'eau. S'il ne vient pas de réponse, Léon laisse là la pitance et s'en va. Dans cette solitude parfaite, entre des roches nues, rien ne fait concurrence à la vie intérieure : le rêve devient réalité, et il n'existe plus que le monde des songes.

Oui, il s'est mené là, entre ces quatre roches

abruptes, dans ce décor cubiste plus aride qu'aucune cellule, une prodigieuse existence imaginaire; là il s'est dépensé, sur un sujet unique, autant de génie qu'il en a fallu pour animer les fresques de la *Divine Comédie* et pour créer l'océan d'hommes de Shakespeare. M. Henry Bordeaux, dans son livre sur le grand saint de son pays, cite une page de son auteur sur l'amour: point d'amour, dit saint François de Sales, sans un peu d'imagination. La page est délicieuse, mais saint François de Sales savait bien où il l'avait prise, dans le sermon sur les *Stigmates de saint François d'Assise* de Jacques de Voragine. Tous les deux donnent la même preuve de la puissance des images: les brebis de Jacob, frappées par la vue de baguettes à demi écorcées, mirent au monde des agneaux tachetés. Ubertin de Casal dit à peu près de même: « Ce qu'on imagine fortement finit par se produire: l'âme sculpte et modèle le corps. » Et l'amie d'Ubertin, Angèle de Foligno: « Voir, c'est aimer: *Sicut videmus, ita amamus.* » L'amour est visionnaire.

Cette psychologie de l'imagination, très ancienne dans l'Eglise, a été perfectionnée sans cesse jusqu'à saint Ignace, « prince des psychologues », dans ces *Exercices spirituels* qui sont une véritable gymnastique de l'âme, un manuel, une mécanique de l'enthousiasme. François possédait-il une discipline si savante? A-t-il une méthode, une technique? A-t-il laissé quelques formules? Son procédé, ce semble, à quelque chose de plus instinctif: c'est l'allure du génie, d'un maître qui invente et qui laisse à d'autres le soin de définir les règles. Mais si nous prenons le livre classique issu de son école, les *Méditations de la vie de Jésus-Christ*, attribuées longtemps à saint Bonaventure, nous y trouverons en usage tous les principes dont on fait honneur à saint Ignace, composition de lieu, construction minutieuse du décor,

multiplicité des traits sensibles, pittoresques, qui
rendent les choses présentes et donnent la sensation
de la réalité : tout fourmille de détails familiers,
terre à terre, de détails de ménage qui prêtent
au récit de l'Evangile une physionomie toute
nouvelle. Et quand on sait ce que les peintres et les
auteurs de *Mystères* ont emprunté au livre des *Méditations*, on est émerveillé de ce qui a pris naissance entre ces quatres murs et de la puissance
créatrice qui, dans cette prison, a eu assez de rêves
pour en fournir l'Europe pendant quatre cents ans.

Entre tous les sujets de la vie de Jésus, il en est un
qui de tout temps avait été cher à François, et qui
forme le thème spécial des méditations de l'Alverne :
c'est la croix. *La Dévotion à la croix*, ce titre du
drame de Calderon pourrait servir aussi bien à une
vie de saint François. Jacopone da Todi a écrit une
pièce sur les sept croix de saint François : celle de
Saint-Damien, la croix de feu que Pacifique lui vit
sur la poitrine, la croix d'or que frère Gilles vit
sortir de sa bouche, la scène du chapitre d'Arles où le
Père Séraphique apparut en l'air, les bras en croix.
En route il ne manquait jamais de saluer dévotement
les croix de grands chemins. Cette piété demeure
populaire dans l'ordre des mineurs. Les églises franciscaines s'appellent *Santa-Croce* aussi souvent que
San-Francesco. Dans beaucoup d'entre elles, à
Arezzo, à Florence, à Volterre, on trouve représentée
la légende de la Croix. C'est un des plus beaux rêves
que l'homme ait inventés. Emporté par le premier
homme dans sa fuite du Paradis terrestre, Adam fait
planter sur sa tombe un rameau de l'Arbre de Science.
Cet arbre devient la maîtresse poutre de la quille
de l'Arche; cette poutre, inutilisée dans la construction du Temple, est jetée sur le Cédron et sert de

pont à la reine de Saba : c'est par là que les Gentils entrent dans le plan de la Rédemption. Elle flottait à Jérusalem sur la piscine miraculeuse, lorsqu'elle en fut retirée pour devenir la Croix. Ce bois devenait l'axe du monde.

Le sentiment de l'Eglise à l'égard de la croix a été lent à se déclarer. La première croix qu'elle ait osée, la grande croix d'or gemmée qu'éleva Constantin dans la basilique du Calvaire (on la voit reproduite à Rome dans la belle mosaïque de Sainte-Pudentienne), est une enseigne de triomphe. Il a fallu du temps pour avouer le gibet. Au temps de saint François, le plus célèbre des crucifix, connu par une charmante légende de troubadours, était le *Santo Volto* de Lucques, que nous appelions le saint Voût, ouvrage oriental qui passait pour l'œuvre de Nicodème. Le saint Voût représente un Christ couronné, la tête droite, les yeux ouverts, vêtu d'une longue robe de pourpre et chaussé de souliers garnis de pierreries, ces souliers dont il jeta l'un au pauvre ménétrel pour le payer de sa musique. Aucune trace de souffrance. Le Christ de Saint-Damien, celui qui parla à saint François et que l'on conserve dans la sacristie de Sainte-Claire, a encore les yeux ouverts et une jupe autour des reins. Que l'on compare ce Christ impassible avec le « pendu » sanglant que l'on voit dans le chœur de la même église, avec ces terribles crucifix disloqués grimaçants qui commencent à paraître dans l'école de Margaritone et de Giunta de Pise, on sentira la différence : on verra la nouveauté de ce qu'apportait saint François. La secousse qu'en reçut le monde est immense : aucune trace ne subsiste du pouvoir qui l'émit. La seule mesure que nous en ayons est dans les faits qui l'enregistrent. On ne pouvait noter la parole de François : comment fixer ses rêves ?

Nous avons conservé l'écho d'un de ces sermons fous où, ayant envoyé Pacifique à demi-nu en plein marché d'Assise, il le rejoint bientôt dans le même costume, et se met à prêcher sur la croix de telle sorte que tous fondent en larmes : et jamais, dit le vieil auteur, on n'avait mené dans la ville tel deuil de la Passion de Jésus. Aux premiers jours de sa pénitence, lorsqu'il n'était qu'un pauvre ermite travaillant aux églises, on l'entendait pleurer parce que le Christ était mort. Il avait la folie de la croix. Il l'embrassait comme une maîtresse. On voit à la Portioncule un vieux portrait de saint François peint sur une planche de bois, et tenant une petite croix avec cette inscription : « *Hic mihi lectus*, voici mon lit. » On a cru que ces mots se rapportent à la planche, qui serait un morceau de la couchette de saint François; il se rapportent à la croix. « La croix, dit Angèle de Foligno, c'est ta planche de salut, c'est ton lit, c'est ta joie. » C'est apparemment du même lit que parle l'inscription.

Ce qu'on ne peut guère se figurer, par exemple, que de la manière la plus vague, c'est la puissance d'analyse et d'objectivation, la force incroyable de détail, d'insistance, de réalité que prennent ces images dans la caverne du songeur dramatique de l'Alverne : il les construit dans ce caveau, avec autant de rigueur que plus tard son voisin Michel-Ange en mettra à sculpter le groupe de la *Pietà*; ses représentations obtiennent le relief et l'indépendance de l'hallucination. L'attention travaille ensuite sur chaque détail, sur le sang, sur les plaies, et sur chaque espèce de plaies, celles des épines, celles des verges et des fouets, les ecchymoses, l'épaule mâchée par le poids de la croix, les genoux couronnés dans les chutes, le gravier qui colle aux écorchures. On croirait voir déjà un de ces Christs espagnols, vrais musées de blessures, collections savantes de toutes les manières de souffrir, ou ces grands crucifix torturés qui émeuvent dans les vieilles églises de Toscane et d'Ombrie. Jamais l'imagination humaine n'avait inventé de spectacles plus déchirants que celui de cette douleur qui occupe François dans ce puits de l'Alverne, ce puits de l'agonie de la semaine sainte.

C'est encore chez la grande tertiaire de Foligno que se rencontre sans doute ce qui approche le plus, avant sainte Catherine de Sienne, du pouvoir visionnaire de saint François d'Assise. C'est là que nous pouvons apprendre ce que c'est que de « mourir de Dieu ». Je ne crois pas qu'on ait observé chez François les désordres et les convulsions dont la bienheureuse se fait gloire et qui accusent chez elle un certain détraquement ; la vue d'un crucifix lui donne des attaques de nerfs. L'élève a des côtés de malade qu'on ne trouve pas chez le maître. Cela dit, les visions de la grande « Lella » peuvent donner une idée de celles qui, voilà sept cent ans, ont ému les ombres de la grotte du *Sasso spicco*.

On se rappelle le trait de Pascal dans le *Mystère de Jésus* : « J'ai versé telle goutte de sang pour toi ». Chaque goutte s'anime et nous reproche notre tiédeur. Ce n'est rien auprès des cruelles visions d'Angèle : le Christ lui apparaît supplicié des pieds à la tête ; il lui montre les poils de sa barbe arrachés, les sourcils, les cheveux coagulés ; il compte les coups de fouet de la flagellation en détaillant chaque coup. Un autre jour, le Christ « me commanda, dit-elle, de coller ma bouche à la plaie de son côté. Et je crus boire quelque chose qui avait le goût et la tiédeur du sang ». Ailleurs, elle voit le Christ au tombeau, lui baise la bouche, appuie sa joue contre sa joue, et la main du cadavre répond par une caresse. L'endroit le plus singulier est celui où la pensée d'Angèle se

fixe sur les clous de la croix. « C'étaient des clous très
gros, carrés et mal battus qui présentaient sur leurs
arêtes beaucoup d'aspérités; la chair en fut meur-
trie, hachée, et il en résulta un supplice effroyable. »
Alors elle pense au trou que ces clous firent dans la
chair et elle veut voir au moins cette parcelle de chair
que ces horribles clous avaient enfoncée dans le bois.
« Cette souffrance, ajoute-t-elle, fut tellement inouïe,
que je m'écroulai la face contre terre. »

Cette puissance d'imagination physique, commune
à beaucoup de contemplatifs, est une nouveauté au
temps de saint François. Avant lui, la pensée chrétienne l'ignore; perdue dans ses harmonieux sym-
boles, dans une architecture mystique aussi noble
que les songes de Pythagore, elle ne voyait partout
que figures et idées. Saint François est d'un autre
temps. Ce petit homme émacié, de passions éton-
nantes, cette machine nerveuse de sensibilité folle,
avec son génie de dramaturge, son immense voilure
d'imagination, n'entendait rien, ou peu de chose, au
christianisme des docteurs. Ce n'était pas son affaire,
il ne s'en mêlait pas. C'était un poète, un artiste qui
ne s'en doutait guère, un homme né pour pétrir et
associer des images, un homme de douleur et de joie,
un musicien qui n'a pas écrit sa musique, un créateur qui se contente de vivre son roman et d'y faire
entrer tout à la ronde, car on mène les hommes par
l'amour et l'imagination. C'est ainsi qu'il lui est
arrivé de rendre à l'Évangile une vie qu'il n'avait
plus. Comme, dans la grotte de Greccio, il avait
inventé la tendresse chrétienne, ici, dans la tombe de
l'Alverne, il invente les larmes et les délices des
larmes. « Pleurs de joie », comme parle le *Mystère
de Jésus*. Il crée le crève-cœur, le *corrotto* de Jacopone.

> *O corrocto mio corrocto*
> *O corrocto pien di locto*
> *O correcto o mai adocto*
> *Che sia nel foco sotterrata...* (1)

Fleur au cœur violet, bizarre passiflore! Qui ne connaît cette plante commune de nos jardins, de l'espèce des grenadilles, dont les étamines, les pistils découpés au ciseau comme par des doigts de nonnes, composent des emblêmes de clous et de marteaux, au-dessus d'une collerette d'hermine où un cercle lilas peint une mélancolique couronne? Cette fleur naïve et compliquée, avec sa petite panoplie, son trophée de martyre, comme un minuscule reposoir, une étrange rose suppliciée, c'est la fleur de la Passion. Tout le moyen âge l'a cultivée, cette fleur née d'un sanglot: elle a fleuri d'abord dans le cœur de saint François.

Cependant la fête de l'Archange approchait. Les visions se multipliaient, devenaient continues; elles avaient remplacé sur l'écran intérieur toute autre réalité. Léon n'entendait plus de réponse quand il venait à l'aurore apporter au reclus le pain et la cruche de la journée. Quelquefois, lorsqu'il s'approchait en tremblant, il apercevait son maître en extase à deux brasses du sol et il ne pouvait résister au désir de lui baiser les pieds, tout doucement, pour ne pas le tirer de ses songes; d'autres fois il crut le voir flotter à la hauteur de la cime des arbres, ou plongé à perte de vue, absorbé dans le soleil.

Le 14 septembre arriva; c'était la fête de l'Exaltation de la Croix. François sans doute revoyait sa vie, et son unique amour depuis la voix de Saint-

____

(1) O crève-cœur, mon crève-cœur, ô crève-cœur plein de douleur, ô crève-cœur où m'as-tu conduite, dit mon âme, que me voici plongée dans le feu ?...

Pendant... il pensait aux croisés, aux armures, dans ses visions de chevalerie, à l'image du mont Cragado... présidait aux départs des vaisseaux qui voguaient vers la Terre Sainte. Il refaisait le voyage avec ... resse et avec honte, car à l'aventure d'Outremer l'Italie donnait peu; il écoutait la voix de la veuve, la voix de Jérusalem qui murmurait sa plainte.

> Ô vous qui passez par la voie,
> Arrêtez-vous, et chacun voie
> S'il est douleur comme la mienne. (1)

Et nous allant pieds nus, sous le soleil accablant, ... ces pierrailles de Judée, parmi les ... aromates, il recommençait le pèlerinage, parcourait à jamais... pour la millième fois ces lieux de douleur... [texte en grande partie illisible]

CHAPITRE VI

L'ADIEU A L'ALVERNE

Du petit balcon en corniche sur l'abîme, au-dessus du *sepolcreto* où François eut un si étrange combat avec le diable, sur ce rocher peuplé jadis d'une vie surnaturelle et fréquenté des démons et des anges, je cherche des yeux le paysage que j'apercevais tout à l'heure, cet horizon célèbre que les touristes, en été, accourent admirer de bien loin; je voudrais poser mes regards une dernière fois sur cette terre qu'embrassait le regard de saint François.

Mais la *nebbia* obstinée continue de tout obscurcir, d'embrumer la terre et le ciel; derrière moi la cime de la forêt est noyée de vapeurs. Tout a plus que jamais son aspect de grisaille, de léger lavis japonais, de suie délayée sur la soie. Par moments, on dirait que le brouillard s'étire et quelque chose d'indécis s'estompe, s'approche furtivement comme un visage qui veut sourire à travers des voiles trop épais; puis l'apparition découragée s'efface et l'on ne voit plus de nouveau que le gris, le grand banc blanchâtre qui passe interminablement sur le mont assembleur de nuages. Et de nouveau je suis tenté de remercier le ciel qui, en me cachant le paysage, m'a contraint de ne voir ici que le dedans, l'invisible, les songes de l'âme.

On conserve au couvent une pièce transcrite par une main du XVIᵉ siècle, qui semble la copie d'un original disparu, attribué à frère Massée. Cette pièce de date incertaine est donnée par Amoni à la suite de son édition des *Fioretti*. Frère Massée raconte comment le Bienheureux, le 30 septembre 1224, au lendemain de la Saint-Michel, en la fête de Saint-Jérôme, se disposa à reprendre le chemin de Sainte-Marie-des-Anges; on avait fait venir un âne pour le porter, parce qu'il ne tenait plus debout sur ses pauvres pieds blessés. Après la messe, il réunit ses frères, Ange de Rieti, Massée, qui servait d'intendant, Silvestre et Léon, la petite pécore du bon Dieu, leur recommanda le couvent et leur fit ses adieux.

« Je pars, vous ne me reverrez plus ici. Adieu, adieu, vous tous! Adieu montagne, adieu rochers de l'Alverne, adieu grotte des Anges, adieu, objets chéris, bien tendrement adieu. Adieu, frère faucon, cher réveille-matin qui m'as si bien servi. Adieu, antre, *sasso spicco*, je pars, je ne reviendrai plus jamais. » Il continua encore quelque temps et ajouta: « Adieu, montagne divine, montagne sainte, Alverne, sois béni! La paix soit avec toi, nous ne nous reverrons plus. »

Hélas! Déjà partir! Quelques heures, une course rapide dans ces lieux pleins de rêves, est-ce assez pour les épuiser? Toucher un moment ce sommet et déjà redescendre... Adieu donc, beau séjour de l'âme, grand château dans la nue! J'emporte du moins ton image, ton cimier de forêts, tes vastes écroulements de tours, les noires crevasses de ta falaise où se passa un des plus hauts mystères du monde: je t'emporte dans mon cœur, rocher de poésie, cime où l'humanité reçut le don des larmes.

Qui fera pour nous le même miracle? François, trouvère de Dieu, nous t'aimons parce que tu gardas la sainte enfance du cœur et que tu prêchais aux petits oiseaux: combien plus admirable d'avoir chéri les hommes et de t'être senti leur frère, quand ils n'étaient que des loups qui se déchiraient entre eux! O divin bienfaiteur, tu leur as apporté avec le dégoût des faux biens, des richesses mensongères, le merveilleux trésor de la sainte Pauvreté: tu leur as appris à goûter le bonheur qui ne s'épuise pas, le seul qui ne coûte rien, la joie de la tendresse, le divin charme de la vie.

Ecoute, et vois notre misère: plus que jamais le monde est la proie de l'éternel Ennemi. Ecoute-le gémir, écrasé par la loi d'airain. Quand vit-on plus odieuse tyrannie de la matière? Qu'a-t-on fait de tes pauvres, de ceux que tu aimais, de ce menu peuple de Dieu auquel tu ouvris jadis les portes de ton paradis? On les a jetés aux bras des hommes de haine: ils s'imaginent, les pauvres enfants, que tout sera dit une fois réglé le partage des richesses. Ils ne voient pas, ces cœurs irrités, que le mal comme le bien est en nous, et que le seul remède est la vieille fraternité chrétienne, le royaume de Dieu, l'amour.

La légende rapporte que le jour de ton suprême voyage sur l'Alverne, sur ces landes brûlées par le dévorant midi d'août, l'homme qui te menait mourait de soif et refusait d'aller plus loin. Tu fis jaillir une source; il but, reprit courage et continua sa route. J'ai passé par cette lande: la source d'une heure est tarie. Nulle onde, nul filet d'eau ne rafraîchit ce désert. Pourtant elle est là, sous la roche, cette source invisible: elle gît quelque part inconnue dans les poitrines humaines. Oh! qui touchera ce dur rocher, qui en fera jaillir les larmes? Qui fera pour nous ce que fit notre père François en créant le monde intérieur, le monde du sentiment? Qui arrachera ce cœur de pierre et à la place, comme lui, fera battre un cœur vivant?

TABLE DES MATIÈRES

TROISIÈME PARTIE

LE DON DES LARMES

PARIS

TYPOGRAPHIE PLON-NOURRIT ET Cⁱᵉ

8, rue Garancière

www.ingramcontent.com/pod-product-compliance
Lightning Source LLC
LaVergne TN
LVHW021152050726
842519LV00002B/593